尹继东　王玉帅　黄小勇　等◆著

国家软科学研究计划项目（项目编号：2010GXS5D222）
江西省社会科学规划项目（项目编号：10YJ59）
南昌大学社会科学学术著作出版基金资助项目

科技入园

模式与机制研究

科学出版社

北　京

图书在版编目(CIP)数据

科技入园模式与机制研究/尹继东等著 .—北京：科学出版社，2013.11

ISBN 978-7-03-039065-3

Ⅰ.①科… Ⅱ.①尹… Ⅲ.①工业园区-科技服务-研究-江西省 Ⅳ.①F427.56

中国版本图书馆 CIP 数据核字（2013）第 260676 号

责任编辑：邹　聪　郭勇斌　刘巧巧/责任校对：宣　慧
责任印制：徐晓晨　/封面设计：铭轩堂
编辑部电话：010－64035853
E-mail：houjunlin@mail. sciencep. com

科 学 出 版 社 出版
北京东黄城根北街 16 号
邮政编码：100717
http://www.sciencep.com

北京虎彩文化传播有限公司 印刷
科学出版社发行　各地新华书店经销

*

2014 年 1 月第 一 版　开本：720×1000 1/16
2019 年 1 月第三次印刷　印张：11 1/2
字数：213 000
定价：65.00 元
（如有印装质量问题，我社负责调换）

前　言

自弗里曼提出国家创新系统理论以来，创新的系统观便得到了广泛的认同。但在理论运用于实践过程中，不少按照相关理论构建的区域创新系统运行效果不佳。事实上，提高区域创新体系效率最关键和最核心的问题，是如何提高企业这一核心创新主体的创新能力，提高科研院所科技创新成果的转化效率。因此，有必要从理论和实践上分析阻碍区域创新系统功能发挥的因素及其机制性原因。本书从系统效率的角度去考察这个问题，是丰富区域创新系统理论的需要。

江西省推进科技入园工程，是指科技部门以科技为支持，以工业园区为平台，实现科技与企业的有效对接，促进园区经济跨越式发展，将科技转化为现实的生产力。它包括科技机构入园、科技政策入园、科技项目入园、高新技术入园、科技人才入园和科技服务入园等。科技入园既是解决科技与经济结合问题的纽带，也是提高科技创新主体创新能力和科技成果转化效率的桥梁。

科技入园工程取得了较好的效果，得到国家有关领导和科技部的高度肯定，在全国已形成一定的影响和品牌效应。各省也有一些很好的做法。但是，真正从理论上系统概括科技为园区服务的模式，从机理上分析科技为园区服务的动力机制，对科技服务园区的绩效进行科学评价的相关研究却很少。对科技入园工程从理论上进行提炼和总结，是一个从实践上升到理论的过程。

本书通过对影响区域创新系统效率的因素及其作用机理的分析，为区域创新系统建设工作提供了一个新的视角，这对区域创新系统的结构设计、运行机制设计及政府行为都有一定的现实指导意义。本书对江西科技服务园区的实践进行了系统性的概括，并研究和设计了科技服务保障机制，以期更加高效地推进科技入园工作。同时，通过对江西科技入园工作的成功经验的概括总结，提炼了具有普遍意义、推广价值和可操作的科技服务模式，对于提高区域创新系统效率具有重要的实践意义。

江西省科技入园工程是一个不断发展和创新的工程，其基本经验包括以下几方面：①注重科技服务的系统性是科技入园的本质特征。科技机构入园、科技政策入园、科技项目入园、科技人才入园、科技服务入园五个方面紧密结合，相互作用，缺一不可，只有五个方面同时开展，相互配合才能形成合力，提升区域创新系统的效率。②提高科技企业的创新能力是科技入园的本质。检验科技入园成效的一个重要标准就是企业创新成果的增加。③科技入园与提高科技成果转化率相结合是科技服务工作的落脚点。④科技项目引领是科技入园的核心。项目入园能够带动资金、人才、政策入园。⑤发挥生产力促进中心的作用是科技服务的组织基础。组织机构是科技入园各项服务的载体和推手，落实科技机构入园是各项服务工作的组织前提，是科技入园的主要组织形式。⑥建立长效服务机制是科技入园的关键。包括人才激励机制、资金支持机制、政策扶持机制等。⑦科技入园的内容和方式与时俱进是科技入园的生命力。要紧扣时代脉搏，坚持围绕江西重要产业，抓住重点，以点带面，开创科技入园新局面。随着企业经济发展水平的提高，其发展的目标不同，遇到的问题和要解决的矛盾也不同，科技服务的内容和形式都将是变化的。⑧科技入园与基层科技工作创新相结合，是科技服务纵深化发展的重要途径。

为提高系统的运作效率，本书进行了系统模型仿真研究，证明科技入园模式需要建立一套运行支持机制，主要包括以下几个方面：①创业平台——对企业进行孵化培育；②研发平台——进行科技创新；③资源平台——提供信息共享。具体包括投入机制、激励机制、金融机制、服务机制、评价机制和监督机制。政府还需要制定灵活的投融资政策，积极发挥财税的作用，鼓励以创业中心为代表的各类创业平台进行体制与机制创新，可在适当时机引入产权制度改革，积极构建符合孵化器产业发展需要的激励机制，主要依托创业与研发平台载体，通过建设资源共享网络，实现当地科技条件平台的信息共享，构建平台的网络体系。

科技服务运行机制应当根据科技入园模式因地制宜地进行对应组合和有机整合，通过各种机制的相互牵引和作用形成一套行之有效的科技服务运行体系。要大力整合现有科技创新服务资源，强化协同机制；积极建设大型数据库，构建共享平台和网络科技环境平台；构建多位一体的运行机制和适应市场经济的科技管理体制；全方位给予园区企业所需的帮助。

为进一步推进科技入园工程的发展，本书提出的主要对策建议包括：①推进多层次、多元化的科技服务主体建设；②构建科技服务联盟体系；③促使科技服务机构向"运行机制市场化、管理模式企业化"的目标转变；④加强科技服务硬件设施建设；⑤加强科技服务人才队伍建设；⑥加强科技服务机构品牌建设；⑦加强科技服务行业协会建设。

　　本书是国家软科学研究计划项目"科技入园模式与机制研究"（项目编号：2010GXS5D222）成果和江西省社会科学规划项目"科技为工业园区服务的方式及保障机制研究"（项目编号：10YJ59）成果。两项目负责人为南昌大学经济与管理学院尹继东教授，博士生导师。参加研究和撰稿的有江西师范大学财政与金融学院黄小勇博士、副教授；南昌大学经济与管理学院王玉帅博士、副教授；江西教育学院钱芳副教授，博士生；南昌大学经济与管理学院彭迪云博士、教授，博士生导师；南昌大学经济与管理学院张文博士、教授；南昌大学经济与管理学院许水平讲师，博士生；江西省生产力促进中心鲍聪颖主任。参与研究和撰稿工作的还有姜超、付文捷、龚楚、伍颖、黄莉、裘洁、周欣、杜贵慧、韩迟、汤佩群等硕士研究生。

　　在项目研究过程中得到江西省科技厅政策法规处章波处长、张馥处长，高新处辜禄荣研究员，计算研究所陈冰川高级工程师及江西省科技发展研究中心詹绍维助理研究员的帮助，在此表示衷心感谢。南昌大学社会科学处对本书出版给予了大力帮助和资助，在此深表谢意。本书在写作过程中应用、借鉴和参考了一些相关研究成果，借鉴和使用了江西省部分科技局和生产力促进中心的资料，在此对这些作者表示感谢。

尹继东

于南昌大学青山湖校区

2012 年 10 月 3 日

目　录

科技服务工业园区的
基本理论

第一章

一、科技入园的研究背景

（一）全球金融危机的影响

自 2008 年以来，由美国次贷危机所引发的金融危机席卷全球、愈演愈烈，由局部金融危机发展为全球性的金融危机，其范围迅速从发达国家波及发展中国家，从金融领域扩散到实体经济领域。欧债危机即欧洲部分国家的主权债务危机也是其延伸和深化的产物。

全球金融危机对我国就业、企业效益、经济增长，以及财政收入和金融安全等各个方面产生了巨大的影响，作为区域经济发展重要增长极的工业园区也受到了巨大的冲击。首先，从产业转移到工业园区的情况可以看出，全球金融危机发生前有意向转移到工业园区的企业很多，而全球金融危机发生后其数量锐减，甚至一些已经达成协议的企业也暂停了转移。其次，全球金融危机导致国内外的市场需求减少，加之国外贸易保护主义抬头，企业尤其是外向型企业的订单减少、出口受阻，同时国内消费需求萎缩，企业的产能不能充分释放出来，经济效益明显缩水。最后，受国际市场状况一度低迷和大宗商品价格下跌等因素的影响，企业的利润空间被严重挤压，而像人力资源等生产经营成本却有增无减，这给工业园区的企业带来了很大的挑战。

事物都具有两面性，全球金融危机中也包含着机遇。全球金融危机在给工业园区带来诸多弊端的同时，也给工业园区经济转型及产业结构升级带来了难得的机遇。一是全球金融危机加快了产业转移。国外产业资本为了避开全球金融危机，纷纷向我国转移以寻求新的发展空间，我国的工业园区在国家政策的扶持下已经成为承接产业资本转移的热点地区。二是全球金融危机改变了国家的宏观经济政策。国家用积极的财政政策和适度宽松的货币政策取代了过去的紧缩政策，"保增长、促转型"是当前宏观经济政策的重心，其目的是实现经济的持续、健康、平稳发展。国家采取了一系列措施来增加企业发展的信心，如实施增值税转型政策和上调出口退税政策等，有效地降低了企业的生产经营成本，是对园区企业扩大生产、提升技术、提高抗风险能力的"雪中送炭"（袁佐军，2010）。三是全球金融危机形成了"国际倒逼机制"。全球金融危机的发生，必将加快工业园区一批科技含量低、附加值低、能耗高的粗放型企业遭受淘汰的步伐。当前，市场压力逐步从消费领域向其他行业扩散，许多中小企业面临生存考验，全球金融危机对劳动密集型、技术含量较低的纯加工型或初级生产企业冲击很大。特别是人力成本的上升，迫使企业不得不更加注重技术研发和管理创新，并不断运用新技术改良设备，以减少对人力资本的需求数量。

（二）转变经济发展方式的要求

2007 年 10 月，根据我国基本国情和发展阶段性新特征，针对我国经济社会发展面临的突出问题，应对后国际金融危机时期世界经济形势新变化，党的十七大提出了加快转变经济发展方式的战略任务。十七大指出，要推动我国经济的持续健康增长，必须由主要依靠投资、出口拉动转变为依靠投资、出口、消费三方面共同拉动；由主要依靠工业带动转变为依靠农业、工业、服务业协调带动；由主要依靠大量的物质浪费和能源消耗向依靠技术进步、劳动者素质提高、管理创新转变。加快转变经济发展方式，不仅是增强我国经济抵御国际市场风险能力和争夺国际竞争创新优势的必然要求，更是实现国民收入分配合理化、促进社会和谐稳定、推动全面建设小康社会奋斗目标进程的必然要求。

2010 年 10 月，十七届五中全会通过的《中共中央关于制定国民经济和社会发展第十二个五年规划的建议》指出，制定"十二五"规划，必须以加快转变经济发展方式为主线；坚持把经济结构战略性调整作为加快转变经济发展方式的主攻方向。

2012 年 11 月，党的十八大进一步提出，要针对国内外经济的变化动态与时俱进地转变发展理念，将经济发展方式调整到新的路径上来，狠抓经济发展的质量和效益，在发展中真正地体现创新这一动力源的驱动功效，使经济发展更多依靠科技进步、劳动者素质提高、管理创新驱动，更多依靠节约资源和循环经济推动。

工业园区是地区经济的增长极。顺应转变经济发展方式的潮流，是园区企业的必经路径，加强对科技创新成果的重视和运用，推动园区内部管理模式的创新，提高园区产业的综合素质，并且打造低碳发展的工业园区，才能在未来的市场竞争中赢得先机，并实现持续、健康发展。

（三）国家自主创新战略的贯彻

在全球金融危机的大环境下，为达到 2020 年全面建成小康社会的奋斗目标，实施自主创新战略、建设创新型国家是必然选择。温家宝同志在 2009 年政府工作报告中明确提出，要继续实施科教兴国战略、人才强国战略和知识产权战略，推进国家创新体系的建设，推进经济结构战略性调整，并以此作为应对此次全球金融危机的战略选择。《中华人民共和国国民经济和社会发展第十二个五年规划纲要》中也明确提出，把科技进步和创新作为加快转变经济发展方式的重要支撑。

党的十八大提出，社会生产力和综合国力的提升离不开科技创新这一动力源的驱动和支撑，强化科技创新的战略支撑关系国家发展的全局，应该放在核心位置来抓。基于此，要以全球视野谋划和推动创新，并将创新成果应用到经济发展中来，推动科技和经济紧密结合和协调互动发展，这需要着力构建以企业为市场主体、市场为发展导向、产学研为纽带，三者交相呼应的技术创新体系。同时，要加快新技术、新产品、新工艺的研发应用，加强特定区域和工业园区技术集成和商业模式创新，并且要着力完善科技创新的评价标准、激励机制、转化机制，使科技创新贯穿企业发展的始终。

工业园区是我国高新技术产业化的重要载体，是实施自主创新的重要基地，是促进创新技术及其产业发展的特定区域，是带动区域经济结构调整和经济增长方式转变的重要引擎。我国的工业园区建设正步入一个离不开创新的阶段，面临着以增强自主创新能力为重点的第二次创业。工业园区不仅要承担起自主创新的历史使命，努力成为促进技术进步和增强自主创新能力的重要载体，而且在建设过程中要注重节约资源、爱护环境，走绿色发展、低碳发展和循环发展之路。这些都要求工业园区提高科技创新能力，并把科技成果运用到工业园区企业的发展中去。

（四）区域创新体系的建设

早在 20 世纪 90 年代末，发达国家就开始实施区域创新战略，构建区域创新体系。加拿大、英国、澳大利亚明确地制定了自己的创新战略。美国和瑞典虽然没有制定正式的创新战略，但都积极支持创新。欧盟在 1996 年启动了"欧洲创新行动计划"，在 2000 年启动了"里斯本战略新趋势图"。这些发达国家构建和完善区域创新体系，不仅提高了创新效率，降低了创新成本，而且促使知识、信息、资源等得到有效配置和利用，大大提升了其国家竞争实力。

我国区域创新体系的构建起步较晚，随着各地区逐步将构建区域创新体系作为推动地方科技工作的任务来实施，各省（自治区、直辖市）通过几年的实践和积累，基本上建立起了适合当地经济和社会环境的创新体系。近年来，科技部更是强调各地区要在国家创新体系建设的总体框架下，努力完善区域创新体系的相关法规，逐步形成以重点科研院校为依托、以促进知识和技术转移为目标、以产业技术创新为重点、以制度创新和环境建设为支撑的创新体系。

随着区域经济的不断发展和竞争的日益加剧，区域创新能力已成为地区经济获取竞争优势的决定因素。不断增强区域创新能力，从根本上提高其经济竞争力，已成为促进区域发展的关键。工业园区作为区域经济增长的载体，可以充分发挥其"内能"，使创新所需的各种资源与要素得到有效的整合和利用，并释放其各自的优势；使各种知识和信息得到合理的配置，并贯穿到工业园区的生产运营当中去；使各种服务得到及时全面的供应，并与时俱进地进行优化，从而推动区域创新体系的进一步完善。

（五）科技入园模式的提出

"十二五"是中国经济第二次改革与转型的重要时期。企业作为中国市场经济的主体，只有扛好技术创新的大旗，才能坚定新型工业化的道路，才能实现中国经济的持续、健康发展。工业园区作为经济增长的载体、现代科技成果孵化的"摇篮"，推动科技成果进入到企业，并且加强园区企业的技术升级，对促进园区经济的良好持续快速发展具有重要意义。

科技入园工程是江西省科技工作的创新和重点工程，是改进科技部门工作作风、推动工业园区二次创业的重大举措，是科技工作积极融入经济建设主战场的一个重要抓手。

进入 21 世纪以来，江西省实施"大开放"主战略和工业化核心战略，以及"三个基地，一个后花园"的发展定位，工业园区建设掀起新的高潮。截至 2008 年，全省工业园区完成的工业增加值占全省工业增加值总量 70% 以上，成为全省经济发展的主要支撑和新的增长点。然而，由于工业基础过于薄弱，全省工业园区中为数众多的中小企业科技人员数量偏少且素质偏低，自主创新能力不强，在很大程度上制约着园区企业的转型发展。为应对全球金融危机，在抓紧推动创新科技运用到企业中的步伐中，江西省提出了科技入园的工业园区发展模式，旨在促进科技与企业的有效对接，推动科技成果转化为现实的生产力，培育和提升企业的自主创新能力。2010 年 8 月，党和国家领导人的批示肯定了江西省科技入园工程。科技入园既是策应工业园区崛起、走新型工业化道路、应对金融危机的必然要求，也是彰显科学技术是第一生产力、提高自主创新能力的实际行动。科技入园正在促使江西省各类工业园区逐渐成为科技创新的高地、产业集聚的高地、人才汇集的高地，成为区域经济发展的重要增长极。

二、工业园区概述

(一) 工业园区的定义

由于工业园区类型多样，目前对工业园区还没有一个统一的定义。

1997 年，联合国工业发展组织 (United Nations Industrial Development Organization, UNIDO) 将工业园区定义为按照综合计划发展由不同类型工业企业组成的工业开发区域。

2003 年，国家经济贸易委员会行业规划司采用了联合国环境规划署 (United Nations Environment Programme, UNEP) 的定义，即工业园区是包含若干类不同性质工业企业的相对独立的区域，而这些相对集中的工业企业共同拥有对进入园区的企业提供必要的基础设施、服务、管理等的一个行政主管单位或公司。

我国学者的观点也不尽统一，但大致认为，工业园区是政府依据国家和特定区域经济发展的内在要求，以行政、市场等多种手段规划出一块特定区域，集聚整合该区域生产经营的各种生产要素，使之成为现代工业协调和集聚发展的生产区域。

本书认为，工业园区是制造企业和服务企业汇聚的特定区域，该区域能够释放产业组织和产业集群的效应，并获取可观的经济效益、社会效益和环境效益。

(二) 工业园区的特征

工业园区作为区域工业企业的集合体，主要呈现如下几个特征。

1. 发展的优越性

工业园区是政府为推动区域经济的发展而通过行政手段划分出来的一块特殊的区域。在这块区域，地方政府为工业企业提供完善的基础设施条件、优越的管理和服务水平，并提供产业转移和产业集群形式下的发展机遇，同时由于经济发展的后发优势，也会植入当前科技发展的成果，使其发展更具竞争力。为谋求当地经济的大发展，政府会采取一定的扶持政策来吸引各种工业企业在工业园区汇聚，在这种情况下，这些企业就具备了发展的优越性。

2. 汇聚主体的多样性

工业园区是区域经济发展的增长极，是区域产业集群的重要承载形式，工业园区内集聚着若干类不同性质的工业企业。各个企业之间共生共荣也彼此竞争，在园区内，部门具有产品交集的企业之间会为争夺有限的市场份额而展开激烈竞争；部分具有产业关联关系的企业会依据产业链分工而展开合作；部分企业既因技术联盟合作共同开发新技术、新工艺，彼此之间又是竞争对手。企业的多样性为园区的发展注入了活力，同时也对园区的统筹和管理提出了较高的要求。

3. 创新的必然性

科学技术的进步一方面为工业的发展提供了强大的动力，另一方面也是对当代企业的一种鞭笞。因为在科技进步的推动下，市场需求的不确定性、产品开发周期的缩短倒逼着处于当今全球化市场竞争格局中的企业不断进行创新。工业园区内企业必须持续创新，才能适应市场需求的变化，才能凸显出其作为园区企业的优势和竞争力。

（三）工业园区的类型

由于我国对工业园区的分类没有做出严格的规定，因而可以根据不同的标准对工业园区进行分类。

1. 按技术含量程度划分

工业园区在技术普及程度和技术含量上存在着一定的差异。根据工业园区的技术含量，可以将工业园划分为一般技术工业园、科技园和特色工业园（表1-1）。

表 1-1 按技术含量程度划分的工业园区分类表

类型	基本特征	技术含量程度
一般技术工业园	主要从事将已有的科技成果进行产业化经营和运作的园区	对原创性的技术开发投入不多
科技园	集聚高新技术企业和开发机构的产业园区，一般不从事生产和销售等环节	主要从事研发和技术创新
特色工业园	以区域特色经济为基础进行适当集中布局，以优势企业主导中小企业集群式发展的专业化产业园区，园内的企业往往具有在产品、技术、市场等方面的独特优势	技术含量比较低

2. 按用地规模划分

工业园区在规模上存在着较大差异。按照工业园区的用地规模，可以将工业园区划分为小型工业园、中型工业园、大型工业园和超大型工业园（表1-2）。

表1-2　按用地规模划分的工业园区分类表

类型	用地规模/平方公里	发展所依托的区域
小型工业园	<5	主要依托中等城市发展
中型工业园	5～15	依托大城市，能够实现成片滚动开发
大型工业园	15～30	依托人口100万人以上的大城市发展
超大型工业园区	>30	往往作为城市新区拓展的模式开发建设

3. 按审批政策划分

国家和地方政府对工业园区的设置都拥有一定的审批权限。根据审批政策或权限的差异，可以将工业园区划分为国家级工业园区、省级工业园区、地市级工业园区、县（区）级工业园区和乡镇级工业园区五个层次。这些工业园区享受不同的政策倾斜，它们共同形成全方位、多层次的产业布局体系。此外，政府部门根据相关综合经济指标，将工业园区评定（划分）为一类工业园区、二类工业园区、三类工业园区，或示范工业园区、先进工业园区、达标工业园区。

4. 按发展阶段划分

我国工业园区的发展经历了一个历史演变过程。根据发展阶段或发展程度的差异，可以将工业园区划分为第一代工业园区（经济技术开发区）、第二代工业园区（高新技术开发区）和第三代工业园区（生态工业园）。

1) 第一代工业园区：经济技术开发区

经济技术开发区最早在沿海城市设立，后在全国范围内普遍建立。作为第一代工业园区，经济技术开发区的发展方向是技术密集型产业，经济结构较为单一；享受的优惠条件少于经济特区；着重于发挥枢纽作用，即对内对外发挥辐射作用，通过外引内联促进内地经济发展与对外贸易，为繁荣全国经济做出贡献。经济技术开发区的设立主要是为了引进、吸收先进技术和现代管理经验，发展国际贸易，生产国内生产生活紧缺的产品等。

2) 第二代工业园区：高新技术开发区

高新技术开发区是以高新技术产业为发展对象的产业开发区。高新技术开发区是科技创新和产业化发展的重要基地，在区域经济发展中发挥辐射和带动作用。作为第二代工业园区，中国高新技术开发区主要依靠国内的科技和经济实力，以智力密集和开放环境条件为依托，充分吸收和借鉴国外的先进经验和管理手段，通过实施一系列的高新技术产业优惠政策和各项改革措施，实现高新技术产业开发区软硬环境的帕累托最优，力争把科技成果转化为现实生产力而建立起来的集中区域。

3）第三代工业园区：生态工业园

生态工业园是一个经济效益、环境效益、社会效益和谐共荣的工业企业汇聚区，整个工业园能够达到"1＋1＞2"的效果，工业园区所获得的效益比所有的单个企业最优化个体行为所获得的效益之和更大。生态工业园是继经济技术开发区、高新技术开发区之后中国的第三代工业园区。生态工业园是低碳发展模式的实践者，能够在产生最小化环境影响的同时不断提高经济效益。它仿照自然生态系统物质循环方式，使不同企业之间形成共享资源和互换副产品的产业共生组合，使上游生产过程中产生的废物成为下游生产的原料，达到相互之间资源的最优化配置。生态工业园着力于园区内生态链和生态网的建设，最大限度地提高资源利用率，从工业源头上将污染物排放量减至最低，实现区域清洁生产，是生态文明建设的重要表现形式。

三、科技服务体系概述

（一）科技服务体系的界定

笔者认为，科技服务体系是指在科技和经济各部门之间相互作用的科技创新网络中，利用知识、技术、信息、资金等资源为创新主体提供各种专业化、社会化的服务，加速科技创新及科技成果转化的中介机构与科技服务活动组成的系统。

当前，科技中介机构的定义尚未有统一的说法。笔者认为，科技中介机构就是那些处于科技和生产经营之间，并为科技成果的渗透提供科技服务的非政府机构，如孵化器、创新咨询公司、工程技术中心等。科技服务活动则是指为推动科技创新发展和科技成果转化所提供的一系列服务，包括技术孵化、技术信息交流、科技培训、技术咨询、技术推广等。

（二）科技服务体系的分类

由于科技服务体系由科技中介机构和科技服务活动组成，科技服务体系的差异主要集中在科技中介机构和科技服务活动的差异上，因而科技服务体系的分类主要是依据于科技中介机构和科技服务活动两方面来进行。根据主办主体、发挥的作用、服务活动的形式和内容等分类标准，对科技服务体系进行如下分类（表1-3）。

表 1-3　科技服务体系分类表

分类依据	代表类型
主办主体	国家设立的科技中介机构、科研院所 高校创办的科技中介机构 各种协会设立的科技中介机构 商业化的科技中介机构
发挥的作用	技术扩散型的中介机构，如技术培训中心、技术咨询公司等 技术代理型的中介机构，如技术产权交易机构、技术市场等 技术孵化型的中介机构，如创业服务中心、生产力促进中心等
服务活动的形式和内容	咨询型的中介机构 孵化型的中介机构 代理型的中介机构 信息型的中介机构

（三）科技服务体系的功能

在经济发展方式转变和工业经济向知识经济转变的过程中，科技中介机构及科技服务活动可以将各类资源要素和科技企业联系起来，使园内企业的生产经营融入更多的科技元素，同时也可以倒逼政府职能更迅速触及科技创新，这对园内产业特别是高新技术产业的发展具有十分重要的作用。

科技服务体系的建立和进一步完善，不仅优化了科技工作和园内生产经营的创新环境，同时加快了科技成果进行产业化延伸的速度。科技服务体系将科技创新和生产经营衔接起来，为两者的相互渗透牵线搭桥，使园内的产业链不断延伸，产业的集群竞争力不断增强。

（四）科技服务体系的主要模式

1. 发达国家的科技服务体系模式

由于科技服务体系的建设对科技的发展和创新的突破体现出不可替代的关键性作用，在国外先进的工业化国家，政府对科技服务体系给予突出的支持措施与政策。目前，科技服务体系的模式在发达国家主要有以下三种。

（1）间接支持模式。这种模式在美国表现得特别突出。美国政府在企业科技发展和创新突破的实践过程中，十分重视对创新市场环境的营造，具体表现在加强对中小企业在政策法规上的保护；制订诸如创新研究、技术推广等各类计划以推动科技服务机构的发展；构建基于不同企业管理局为主体的科技服务网络。

（2）直接支持模式。这种模式在日本表现得特别突出。日本政府在企业科技创新的过程中，往往采用直接支持的方式加强科技服务体系的建设和完善，具体做法有制定诸如增加研发费用、提供资金担保等鼓励科技服务体系发展的制度；制定促进政府研究结构和科研院校合作的政策；推动层次多样的科技服务体系的发展。

（3）政策引导型支持模式。这种模式在德国表现得特别突出。德国政府在企业创新发展的实践中，一方面在信息、咨询、职业教育等多方面建立重点为中小科技企业提供服务的技术转移中心；另一方面积极推动行业协会和技术转移中心发挥科技中介机构的作用。

2. 我国科技服务体系的主要模式

在我国，科技服务业经过 20 多年的发展和壮大，历经初步创立、突破前进、加速发展、体系形成四个阶段，目前取得了较大的成绩，具备了一定的基础。伴随着科技服务业的发展，在政府、高校、科研机构、行业协会和企业的相互合作与共同推动下，我国科技服务体系逐步趋向成熟。现阶段，我国科技服务体系的主要模式包括以下三种。

（1）政府引导参与型。在我国，政府及其延伸机构通过制定相关的扶持政策及同其他组织合作而参与到科技服务体系的建设，成为推动其发展的最重要的领导性力量。政府同其他组织的合作方式主要有三种：一是政府与科研院所助推，即各级政府相关部门与科研院所合作，通过实验基地建设、项目带动、技术培训等技术支持方式，推动企业的创新发展；二是政府与龙头企业拉动，即政府及其相关部门通过制定税收、贷款等优惠政策，鼓励和扶持企业自主创新，将企业培养成为创新的主体；三是政府、高校、行业协会和企业联动，即政府引导并给予技术扶持，高等院校、行业协会、企业相互合作建立科技示范基地，对外扩散技术成果。

（2）科研院校参与支持型。在我国，科研院校通过提供专家服务、给予科技培训、参与科技示范基地建设等多种方式参与到科技服务体系的建设中，成为推动其发展的重要主导力量。科研院校支持科技服务体系的模式主要有三种：一是科研院所、行业协会、企业联合，即通过在技术、资金、市场、基地等方面相互帮扶，以共同推动企业科学技术水平的提高；二是科研单位、龙头科技企业带动，即科研单位和龙头科技企业建立科技供需互动机制，在科技项目上相互合作；三是科研单位、高等院校合作，即科研单位和高等院校通过技术入股、技术承包、技术咨询、技术转让等方式，在参与企业技术创新的过程中，在人才、信息等方面进行捆绑式合作，共同推动企业科技水平的提高。

（3）社会经济组织支持型。在我国，相关合作经济组织与咨询机构在赢利的基础上，为企业提供科技创新方面的支持，成为推动经济服务体系建设的重要力量。

（五）科技服务体系的主要特点

科技服务体系是国家创新体系中不可或缺的一部分。随着生产力和科技创新的发展，科技服务体系呈现出以下几方面的特点。

1. 服务的广泛性

科技服务体系涉及多个服务对象，其服务范围比较大，服务流程也贯穿项目的始终，从服务对象、服务范围、服务阶段三个角度不难看出科技服务体系服务所具有的广泛性（表 1-4）。

表 1-4　科技服务体系服务广泛性的构成

考察角度	表象特征
服务对象	科技服务对象广泛：科技服务工作不仅需要政府及其延伸机构的政策引导和扶植，需要科研单位和高等院校的技术咨询和技术支持，还需要相关行业协会和龙头企业的配合与协作
服务范围	涉及的范围和领域比较广泛：包括技术咨询、科技培训、质量控制、科技融资管理等
服务阶段	服务的时间段广泛：科技服务支持贯穿企业技术创新项目从设计期、初试期、稳定期的整个过程

2. 服务的边际效益大

科技服务作为现代服务业的新业态，它不仅创造了自己的价值，同时也为其他产业部门带来了"福利"，不断地给社会创造着经济财富。科技服务的利他性非常明显，一般认为，科技服务每创造 1 个单位的收益，就能为服务对象增加 5 个单位的收益或减少 5 个单位的成本。

3. 服务者的素质高

在科技服务体系中，对从事科技服务的人员的专业知识和业务能力要求比较高。科技服务体系中的从业人员一般都会有拥有高等教育背景或受过专业化培训，这也就使工业园区具有了"人才高地"的优势。

四、科技入园的理论依据

（一）区域创新体系理论

1. 区域创新体系的概念

区域创新体系的理论来源有两个：一个是国家创新体系理论，另一个是演化经济学和现代区域发展理论。当前对区域创新体系的说法各异，综合各种说法，区域创新体系的内涵是指在一个区域内，企业、高校、研究单位等科技创新主体参与技术发展和扩散，市场中介服务组织广泛介入并发挥积极作用，政府适当参与的一个为推动新技术、新知识、新产品的生产、流动、更新和转让而形成的相互作用和协调共荣的创新网络。

区域创新体系主要是通过内部的各要素在科技项目上的相互合作与协调，使区域内的人才资源、信息资源、自然资源和资金得到优化配置，促进新技术、新工艺、新材料等创新成果的有效应用和推广，从而使创新目标获得巨大的投资回报。

2. 区域创新体系的构成要素

区域创新体系主要由主体要素、功能要素及环境要素三部分组成。其中，主体要素包括区域内的企业、高等院校、科研单位、中介服务机构、地方政府等；功能要素包括制度创新、技术创新、管理创新、服务创新等；环境要素包括体制、机制、政府或法制调控、基础设施建设和保障等。

1）主体要素

首先，企业是技术创新的实践主体。在技术研发的过程中，企业不仅是技术创新资金、人员、研发机构的投入主体，而且掌握着创新的方向，组织和推动着创新活动的稳步进行。

其次，高等院校和科研单位是技术创新支撑体的源泉。在技术研发的过程中，高等院校和科研单位不仅可以通过不断拓展基础知识范围创造较多的创新机会，而且可以提供智力支撑来辅佐企业将高新技术成果转化为现实产品。

再次，科技中介服务机构是技术、知识传递与转化过程中的桥梁。在技术研发过程中，中介服务机构不仅通过提供专业知识和技能加速科技成果的产业化，而且可以对区域内的资源进行优化配置。

最后，政府是技术创新的后盾。在技术研发的过程中，政府不仅为区域创新营造良好的环境，为企业提供制度保障，而且协调各主体之间的关系。

2）功能要素

首先，制度创新是推动区域创新体系建设的基础。政府及其延伸机构通过创设新的、更能激励企业自主创新的制度和规范体系，能够拓宽技术创新的空间，优化创新资源的配置。

其次，技术创新是改进现有或创造新的产品、生产过程或服务方式的技术活动。技术创新使得创新区域中的企业具有持续竞争力，推动着企业的持续、健康发展。

再次，管理创新是企业把新的管理模式、管理方法、管理手段引入企业管理系统以更有效地推动企业创新活动的进行。管理创新为创新过程中的企业创造了一种新的资源配置方式。

最后，服务创新是新的设想、新的技术手段转变成新的或改进的服务方式，使用户感受到不同于从前的崭新内容。服务创新可以使企业通过非物质制造手段增加产品的附加价值。

3）环境要素

在区域创新体系中的环境要素中，有软环境和硬环境之分，体制、机制、政府或法制调控是软环境，基础设施建设是硬环境。政府通过建立良好的软硬环境，为推动企业的技术创新活动提供了良好的基础资源和条件。

（二）工业园区科技创新的相关理论

1. 孵化器理论

科技与经济的一体化从客观上反映了世界科学技术的演变趋势。市场经济需求的强大动力，成为科技发展与科技创新的主导力量，也成为高技术成果迅速产业化和商品化的主导力量。在这一过程中，使科技成果和技术迅速转化为商品的产业化过程尤为重要，也就是说，作为对技术成果进行二次开发的工业园区的孵化器功能就成为科技经济一体化的中心环节。

在我国，企业孵化器称为创业服务中心（business incubator center）。它是一种为创业企业提供研发场地，配备共享设施，给予诸如技术培训、法律咨询、融资服务等方面的支持，以降低企业的创业风险和成本，提高成活率的新型科技服务组织。企业孵化器的本质是为创业企业提供良好的成长环境和全方位的服务，促进企业实现技术创新和创新成果产业化。作为企业孵化器，为创业企业提供高新技术成果转化和优化的孵化环境，为创业企业提供国际化和市场化的全面服务，不仅为国家孕育了具有良好发展前景的创新技术企业，而且为社会培育了成熟的研究管理人才。企业孵化器是技术创新服务体系的载体，是培育新的经济增长点的有效途径。

工业园区是区域经济的增长极，聚集了大量的新生企业和创新型企业。区域政府通过为工业园内的企业提供优越的创业环境和设施，简化高新企业的创办程序和融资途径，给予优惠的鼓励政策，有效地推动园区新创企业的健康成长。科技入园是将科研机构与生产企业有机地联系在一起的纽带，它既能充分利用科研开发的功能，符合科研自身的规律，同时又能使科研成果形成一定生产规模的功能，符合市场经济规律的要求，因而科技入园是科技与经济的结合体，是科技经济一体化的环节（刘颖杰和曹东滨，2003）。

2. 制度创新理论

制度创新是指政府相关部门通过制定新的、有效的规章与制度为创新主体提供更适应的条件和环境，激励创新人群的行为，使技术创新和创新成果产业化更顺利地进行，以实现社会和经济的持续发展及变革的创新。制度创新主要包括政治、经济、管理方面的制度变革，它不仅能够引起组织与外部环境作用关系的变化，而且能够改变创新人群的行为和相互关系的规则。通过制度创新的持续推进和固定化，激发创新人群的积极性和创造性，促使新知识和社会资源的合理流动和配置，进而推动创新成果的不断涌现。

制度创新理论是以 1991 年度诺贝尔经济学奖获得者科斯为代表的新制度经济学的三大主要组成部分之一。即使没有先进的设备和技术、高效的制度环境，也能激发劳动者的潜力和积极性，进而创造较高的科技成果和财富。制度创新的构建方式有诱致式和强制式两种。其中，诱致式制度创新由创新主体主动参与；强制式制度创新则通过政府规章、命令等推动创新主体来实现。

制度创新分为体制创新、市场创新和组织创新三种类型和层次。其中，体制创新是最高层次的，主要由政府、研究机构、高校、企业等来实现。体制创新的作用是解决技术变革后造成的影响，例如，经营环境的不确定性，以及商业模式、日常管理方式及激励形式的逐渐改变等，通过新的激励机制帮助有生命力的创新企业继续发展。构建体制创新能把政府的政策规章的调控同市场的运行机制联系起来，促使创新系统内创新知识和成果的产生和转化。市场创新是中间层次的，主要由市场机制来实现。创新知识和技术在市场机制的驱动下流动和扩散，融资和风险投资机制在市场机制的影响下建立和完善。创新个体可以在市场的需求导向下，研制新产品和开发新技术，并以新颖的技术创新成果吸引投资者参与其中。组织创新是最低层次的，主要由创新个体本身来实现。创新个体通过变革组织结构和调整管理方式，使得其内部创新活动能更顺畅高效地推进。创新个体在创新网络中不断学习和实践，可以提高自身的创新能力（刘劲杨，2002）。

在经济高度全球化的今天，无论是国内还是国外，市场竞争愈演愈烈。创新制度是工业园企业推动创新活动的有力保障。区域政府应该不断调整适应经济和社会发展趋势的创新制度，为园区企业营造优质、高效的综合服务体系，完善促进自主创新的政策措施，激发园内各个企业的积极性和创新能力。制度创新使得工业园内创新环境得到改善，推动园内创新个体组织结构的变革和管理方式的调整，从而使给定的生产力潜能得到释放，并由此实现经济的不断增长。

（三）工业园区科技合作的相关理论

1. 三元参与理论

在 1993 年 6 月召开的国际科技工业园协会第九届世界大会上，有关各方在研究和总结世界各国科技工业园发展经验和规律的基础上，提出了企业、大学等研究机构及政府部门共同参与科技园建设的理论，即三元参与理论。三元参与理论指出，科技工业园作为科技、教育、经济、社会发展的产物，是在企业、大学等研究机构及政府部门三方的共同参与和推动下发展起来的。构成科技工业园组织要素的行为主体是企业、大学等研究机构及政府部门，三者相互合作、相互协调，共同促进工业园内的技术创新和经济发展。

在三元参与理论中，企业、大学等研究机构一方面促进了企业的技术创新和创新成果的产业化，推动了工业园区企业的创新发展；另一方面获得企业给予的奖励与回报，将其作为进一步科学研究的经费，鼓励更多人参与到经济竞争和社会发展的行业中来。企业利用现代企业的运作机制和经验，有效解决科技工业园在技术创新过程中遇到的各种问题。企业通过从大学等研究机构获得最新的技术和科研成果，巩固了自身的核心竞争力，扩大了市场规模，取得更大的经济成果，增加了就业机会，促进区域经济的发展。政府部门通过制定相关扶持政策和法规，协调了企业、大学等研究机构同工业园区企业的合作关系，激励了企业加快技术创新的信心，使创新要素得到更有效的配置，推动了区域经济的发展和综合竞争力的增强（吴神斌，2004）。

总之，只有企业、大学等研究机构、政府部门三方共同参与，积极合作与协调，科技入园的效果才能真正发挥出来，工业园区企业的技术创新步伐才会更加踏实，前行的脚步才能更加持续和快速。

2. 技术联盟合作理论

技术联盟是指两个或两个以上的企业出于对市场预期目标的考虑和各自总体战略目标的需求，为了达到技术交流、合作研发、降低风险、提高效益及实现资源的优化配置等目的，通过各种协议形成的一种优势互补、风险共担的组织（范莉和钟书华，2004）。技术联盟以知识纽带为基础，知识创作、传播与利用是技术联盟的主要内容（龙昀光，2009）。技术联盟是一种处于准市场机制形式和准公司制形式之间的扩展型临时性组织形式。在保持技术联盟关系的同时，各企业维护着各自相对独立的利益，保持各自的社会身份共同参与技术或产品项目的研发。

随着知识经济时代的到来，市场需求的不确定性增加，新产品的更新换代速度越来越快，企业要在这种快节奏且多变的竞争环境中求得生存和发展，加强技术创新至关重要。自全球金融危机爆发以来，在市场技术创新的格局中，单个企业的技术创新能力非常有限，企业要想保持在产品开发和技术发展中的优势，就应该调整技术研发的发展方式。由内部研发的传统形式转向寻求外部合作，通过企业间的信息资源共享和团队合作的技术联盟成为许多企业的重要选择。技术联盟是在经济全球化的背景下各企业为维持技术竞争优势而发展起来的合作方式。企业通过参与技术交流合作，共同突破了技术难关，研制了新产品和新工艺，占领了产业内竞争的制高点。具体表现在以下几个方面。

（1）减少研发成本，降低投入风险。单个企业仅凭自己的能力开展新产品、新工艺、新技术的研发，需要投入大量的资金、人才资源。由于技术创新的难度大，市场需求和顾客喜好的不确定性，企业的技术研发很可能面临失败，大量投入很可能不能获得应有回报。而通过联盟合作，一方面，依靠大家的共同参与，单个企业减少了研发成本；另一方面，凭借大家的共同努力，技术创新获得成功的机会大大增加。

（2）共享信息资源，共同学习成长。在知识经济到来的今天，每个能在激烈的市场竞争中生存立足的企业，都具有某个或多个方面的竞争力。企业加入技术联盟后，通过在共同的产品或技术项目上的合作，进行知识、信息、技术方面的交流，从而获得学习与成长的机会。

（3）分工协作，资源互补。加入技术联盟的企业，在创新资源上必然存在各自的比较优势。各企业通过资源优势互补与分工协作，使得联盟的整体实力大大增强。

科技工业园内部聚集着大量的创新企业，企业之间也可以建立技术联盟，根据实际需要在某些产品和研发项目上共同开发与合作，在整个联盟不断强大的同时，亦提高自身的竞争实力和生存能力。

（四）工业园区科技发展的相关理论

1. 技术进化理论

技术进化理论指出，科学技术的进步不是依靠几个英雄式的发明创造和少数不连贯的飞跃促成的，而是连续发展积累起来的。

创新是在原有技术上的进一步发展，每一种技术都是一个连续系列中的片断。马克思很早就提出了"技术进化论"的思想，他认为技术发明是一种建立在许多微小改进基础上的技术"累积"的社会过程，而不是少数天才人物的个人英雄主义杰作。

技术的进化是技术的各种"变异"在"环境"的作用下成为稳定的性状或基因的结果，这种"环境"包括自然地理、文化、社会经济等方面（王耀德，2008）。

工业园区企业的技术创新就是在企业原有技术的基础上发展起来的，技术创新在一定意义上就是原技术的进一步发展和升华。工业园区企业通过把技术变化纳入生产体系，充分利用新技术的优越性，可以使生产力得到进一步提高或产品性能更具市场竞争力。

2. 创新扩散理论

任何一种新观念、新实践、新事物从产生、萌芽到快速发展，再到持续扩散，直到广泛运用，都是一个循序渐进的过程。美国新墨西哥大学埃弗雷特·罗杰斯教授在研究若干个关于创新扩散的事例基础上，总结出创新事物发展扩散的规律，于 1962 年提出了创新扩散 S 曲线理论。

罗杰斯在其《创新扩散》（Diffusion of Innovations）一书中指出，新观念和新技术的扩散在创新者刚提出的开始阶段比较慢，当它们的采纳者数量超过一定数值后，创新扩散便加速展开，当社会系统中潜在的采纳者都接受并运用了新观念和新技术后，整个人群达到饱和状态，扩散的速度不断减慢。新观念和新技术的使用者数量随时间的推移呈 S 形曲线的变化，这一过程分为知晓、劝服、决定和确定四个阶段（吴小玉，2010）。

人们在接受新观念、新事物，试用新产品、新技术的态度上存在差异。按照接受新事物的时间先后顺序，罗杰斯把其采纳者分为创新者、早期使用者、早期追随者、晚期追随者、落伍者。其中，创新者是新观念的提出者、新事物的发现者、新产品的设计者、新技术的开发者；他们往往具有较高的文化知识，敢闯敢干，善于观察和思考。早期使用者是相关群体的意见领袖，往往在社会系统内受到尊重；他们具有敏锐的目光，在感受创新者所作所为的同时看出其中的使用价值。早期追随者是在看到早期使用者使用创新成果后首先接受创新的人群；他们深思熟虑，善于沟通交流。晚期追随者是看到他人使用创新成果后较晚接受创新的人群；他们疑虑太多，往往是迫于经济和社会关系的压力才被迫接受创新。落伍者是观念保守、思想闭塞的人群；他们总是以过去的经验判断新事物，从来都看不到变革的迫切需要。据有关专家估计，创新者、早期使用者、早期追随者、晚期追随者、落伍者在接受创新的人群中的比例分别为 2.5%、13.5%、34%、34%、16%。

同样，科技工业园内企业发展阶段、层次、实力参差不齐，因此对于新观念、新事物、新技术的接受态度有所差异。创新扩散在科技工业园内的轨迹亦呈现 S 形曲线（吕友利，2010）。

3. 技术转让模型理论

技术转让是指技术供应方通过某种方式把自身拥有的技术知识和相关权利转让给技术接收方的行为。技术转让过程对于供应方是技术转让，对于接收方是技术引进。

由于经济、社会、科技发展水平的不同，国家之间、区域之间、企业之间都存在技术势差。现代国际贸易理论认为，在国家层次上的技术转让过程主要发生在发达国家与发展中国家之间。由于工业革命的推动，发达国家的商品经济充分发展。对比发展中国家，由于发达国家的劳动力要素熟练程度高，科学技术发展水平领先，创新技术首先在发达国家以新产品、新工艺的形式出现。当创新技术在发达国家试用并趋于稳定时，发达国家常常作为供给方，将创新技术转让给发展中国家。随着创新技术在发展中国家的快速投入和普及，此时的附着创新技术的新产品逐渐变成了老产品。开发新产品的过程是技术创新，决定新产品转换为老产品的是技术转让。由于各地区内企业的数量、种类、规模、发展水平及受国外影响程度不同，在同一国家的不同区域间也有技术转让发生。在我国，沿海地区比内陆地区科技发展水平高。一方面，由于国家的政策倾向及先天的地理优势，很多高科技企业在沿海城市产生、成长；另一方面，国外跨国公司纷纷将分支机构设立在沿海城市，带来了先进的技术和管理水平。同一区域内部，由于企业的性质、实力不同，它们的技术水平也存在差异，同种行业的企业之间也会有技术交流与转让。

　　工业园区应该倡导机制创新和技术转让，一方面推动园内企业间的技术交流与转让，另一方面促进园内企业从发达地区乃至发达国家引进新技术、新工艺，从而增强工业园的整体技术水平和竞争力（岳峰，2007）。

参考文献

范莉，钟书华.2004. 企业技术联盟的效益构成分析. 科技管理研究，(5)：59

刘劲杨.2002. 知识创新、技术创新与制度创新新概念的再界定. 科学学与科学技术管理，(5)：4，5

刘颖杰，曹东溟.2003. 企业孵化器创新功能分析. 东北大学学报，5 (5)：1，2

龙昀光.2009. 基于共生理论的企业技术联盟发展研究. 兰州：兰州理工大学硕士学位论文：12，13

吕友利.2010. 高新技术企业技术创新扩散路径研究. 成都：西华大学硕士学位论文：12～18

王耀德.2008. 从技术进化论看技术创新. 理论学刊，178 (12)：1，2

吴神斌.2004. 科技工业园的基础理论及其意义探讨. 中国科技产业，(5)：2，3

吴小玉.2010. 创新扩散理论与清华科技园空间扩散模式. 中国科技论坛，(5)：2

袁佐军.2010. 金融危机对工业园区转型升级的利弊分析. 华章，(13)：10

岳峰.2007. 集约型工业园区建设研究. 成都：四川大学硕士学位论文：13，14

科技入园的背景、战略 意义与策略思想 | 第二章

一、科技入园提出的背景

（一）欠发达地区园区经济效率未充分释放

在工业园区的发展过程中，科技起着十分重要的作用。所谓科技入园，就是科技部门以科技为支撑，以工业园区为平台，实现科技与企业的有效对接，促进园区经济技术水平的跨越式发展。科技入园是要将科技转化为现实生产力的科技服务模式，具体包括科技机构入园、科技项目入园、科技政策入园、科技服务入园和科技人员入园等。

目前，要充分体现科学技术是第一生产力的重要作用，必须实施科技入园工程；要促进企业做强做大的迫切要求，也同样需要实施科技入园工程。园区在转变经济发展方式、发展创新型经济和建设创新型城市等方面有着非常重要的带动作用。但在整个社会经济推进的步伐中，欠发达地区面临着一个问题——园区经济效率未充分释放。这就导致更深层次的问题逐步显露出来，主要体现在以下四个方面。

1. 科技创新政策不健全

各级政府先后制定了一些有关促进企业科技进步的科学奖励、经费支持、税收减免、技术改造及人才培养等各方面政策，然而多数属于个性和微观部分，真正体现创新设施建设、中介机构建立、创新资源聚集、核心技术攻关等共性和宏观部分的比例较小。一些政策并未得到落实或落实后却半途而废，另一些在发展过程中也不再适用。同时，在现有体制下，风险机制上政府扶持乏力、激励机制上"脑体倒挂"分配不公及企业融资困难等瓶颈已经显现。资源的配置和流动还需要政府从政策上进行有效疏通。

2. 创新服务体系不完善

针对欠发达地区而言，企业现有的研发水平较低，创新能力较差，在创新的过程中，没有足够的科技信息、市场信息作支撑，也没有足够的中介机构作支撑，如价值评估、咨询、投资等方面的中介结构。就目前所拥有的各类科技中介机构普遍存在几个共性问题：服务品种少、服务面窄且深度不够、没有较强的可持续发展能力。此外，还对园区中小企业的自主创新存在直接影响的因素有缺乏系统性的政策支持、缺少对共性技术研究的投入和供给。

3. 创新人才资源短缺

人才是科技创新的关键所在，所以大多数企业必须扩充人才总量，调整人才结构比例、稳定人才队伍建设。目前的专业人才主要集中在机关事业单位、科研机构，在科技创新型企业工作的专业人才很匮乏。近年来，这些科技创新型企业也在不断引进人才，但受到区域优势的制约，很难吸收到好的专业人才，有些人在入职后，因不满意工作环境而纷纷离职。同时，由于外地经济的发展势头过猛，将本地原有人才也吸纳了。此外，还有一个影响企业科技创新能力因素：科研机构和大学太少，导致中小企业很难拥有自己的研究中心，也很难形成一个产学研合作机制，最终不能提升自身的核心竞争能力。

4. 自主知识产权拥有量少

自主知识产权的拥有状况将决定企业的市场竞争力，并且对国家和地区的产业结构及经济实力产生影响。一般而言，只有不到10%的中小企业拥有自主知识产权，其中实用新型和外观设计专利居多，而涉及产品或产业关键技术或核心技术的原创性发明专利只占很小的比例。自主知识产权是品牌的技术基础和价值基础，中小企业缺少具有关键技术的自主知识产权，所生产的品牌便很容易被替代，不能起到增加产品附加值的作用。大部分企业主要通过燃料加工和承接订单的方式进行对外贸易，使用外方品牌，效益欠佳。一些企业甚至出于获得高新技术企业资格和国家科技创新基金的目的被动申请专利，缺乏长远的发展眼光。

科技创新决定前途命运。2006年，江西省首开先河实施科技入园工程，积极破解"科技落地难"问题。几年过去，凭借科技入园工程，科技深度融入经济，推动了江西省绿色崛起。截至2011年年底，江西省120家生产力促进中心，有116家实施了科技入园工程，约占总数的97%。116家生产力促进中心共服务园区企业17 486家，超过整个园区企业的一半，为园区企业提供咨询服务54 922次，开展技术服务11 530次，开展信息服务630 455条，开展人员培训服务152 906人次，培育科技型企业2355个，为园区企业联系科研院所1374个，联系专家12 755名。除了有一大批科技项目进入园区外，还引进国际合作项目531项，为园区企业增加销售收入178.2亿元，创造利税近24.25亿元，增加就业人数139 947人。在园区内，自主创新能力方面存在显著提升的是十大战略性新兴产业，园区经济的发展成为区域经济发展的主要增长极，因此科技入园在企业创新和区域经济社会发展方面做出了突出贡献（江西省生产力促进中心，2011）。

（二）科技成果转化率低的现实难题

当代经济的发展印证了一个科学道理，科技优势不会对竞争优势和经济优势产生直接的影响，只有在生产过程中被利用了的科学技术，才能由潜在的、间接的生产力转化成现实的、直接的物质生产力。通过对有关资料分析可知，我国每年有 7 万余项专利技术，但实施率只有 10％左右；每年有 3 万余项省部级以上科研成果，但能够进行大面积推广同时产生规模效益的比例仅为 10％～15％；科技进步对经济增长的贡献率为 39％左右，其中高新技术对经济增长的贡献率仅为 20％，远不及发达国家 60％的贡献率，毫无疑问这是对资源的严重浪费。

那么，我国科技成果转化率为何如此之低？其原因主要有以下四个方面。

1. 科技工作者观念产生偏差，科技评价机制具有一定的片面性

目前，众多研究人员做研究的目的是发论文和评职称，仅仅是为了科技成果能通过鉴定，达到"国内领先或国际先进水平"，至于下一步怎样将其应用于生产，如何在市场经济中产生效益，通常没有进展，往往导致研究领域发生"只开花，不结果"的现象。另外，研究管理部门主要以论文发表数量和发表刊物级别作为标准，来衡量科研人员的科研水平。这种不注重科技成果应用价值的科研管理方式，导致大部分技术成果，乃至专利技术不能拥有产业化的竞争力，最终只能被"锁"在研究人员的"书柜"里。

2. 科技成果脱离市场需求，且成熟度不高

我国所开展的大部分科研工作没有与产业需求相结合，市场针对性不足。一些研究课题未紧密联系经济发展中需要处理的核心技术问题，很多科技成果不能良好适应市场和产业发展的需求，大大降低了研究成果的实际应用价值。同时，这些成果自身的配套性和技术成熟度不足，在具体生产的应用过程中容易因工艺问题而难以顺利生产，加之市场的不确定因素，成果受让者往往由于风险因素放弃"接盘"，致使成果转化率较低。另外，随着市场的国际化开放，一些原本在国内有市场的科技成果会因市场的变化较快而被淘汰。过去人们一直认为科技成果转化的主要瓶颈是资金不足，这是一个谬论，主要原因是成果本身的成熟度不高。多数科研人员在立项时，没有超前的思维，也没有进行深入的市场调查，此外，信息的不对称或传递速度较慢，导致一些科研人员仍在研究国外或省外已经转化为生产力的科研项目，最终导致精力的浪费，没有实

际的结果，且资金浪费较多。

3. 企业创新意识和能力不够，未成为技术转移和创新的主体

企业既是国家创新体系的主体，也是成果转化的场所。根据市场的需要情况，企业将会提出一些科研项目，取得项目后，企业将会很快将其引入生产流程中来。因此，不论是大中小型企业，都会把科研和技术开发放在重要的位置。在我国，众多企业还未进入真正凭借科技发展和进步的轨道，国家投入仍主要集中在科技创新领域。大多数企业只顾眼前利益而不愿意对研发工作进行大量投入，使其缺乏研究和吸纳科技成果的能力和动力，导致那些科技含量高、市场潜力大的成果很难在企业中得到推广、应用和转化。另外，我国部分企业有盲目引进国外技术的势头，急切希望能迅速地将这些技术转化为企业效率，对引进技术的过分信赖和对国内自身技术的轻视，也是国内科技成果转化的障碍。

4. 科研体制的弊端制约着成果转化

长期以来，国内一直都存在生产企业与研究机构、企业经营活动与技术研发活动分离的情况，科技体系部门所有、条块分割、自成一体的结构性弊端未从根本上得到解决。就像国内相关学者描述的那样，国内的科研体制可概括为"一是头重脚轻根底浅，二是两断层"（赖文兴，2006）。前者所表达的意思主要是我国有中国科学院、国防科工委系统等，还有高等院校的研究所，即上层建筑很大，但是基层却几乎没有相互配套的开发试验机构；后者所表达的意思是科研部门和工业部门没有正常的相通渠道，在这个方面就存在一个断层，工业部门本身存在很多研究所，却没有大中型企业开发的试验部与之相匹配，这又是一个断层。由此可以看出，科技成果无法及时向生产力转化的关键问题，就是科技成果的生产地和发源地属于两个不同的系统，且从成果到生产未经过开发试验和产品试制。因此，这种科研体制已不再适应当今市场经济对科技的要求。

（三）基层科技工作没有找到有效突破口

国家及省（自治区、直辖市）相继召开的科技工作会议明确提出，要把增强自主创新能力作为科学技术发展的战略基点和调整产业结构、转变增长方式的中心环节来抓，对于基层科技工作来说，其在县域经济发展中的助推作用也将越来越明显。然而就目前的情况来看，全国科技工作较为薄弱的部分是基层科技工作发展不平衡。不健全的基层科技创新服务体系，不完善的科技推广能力及较弱的企业创新能力，使得农民急切需要的很多适用性技术很难得到满足。尤其是在欠发达地区的众多市县，其经济较为落后，科技工作很难开展，情况令人担忧，从而导致科技落后与经济发展相互影响，形成恶性循环。此外，一

些更为偏僻的基层，科技工作在具体实施时，很难到位，或者基本不开展，总之存在着不同程度的形式主义。据相关部门统计，我国有 25％的市县科技工作做得较好，50％的市县科技工作只能处于维持阶段，25％的市县科技工作几乎处于停滞状态（徐冠华，2005）。基层科技工作存在的突出问题主要有以下六个方面。

1. 基层科技工作重视不够，机制不健全

自改革开放以来，科技工作在"科教兴区"的战略指导下受到了足够重视。但是还是一些原因（不平衡的市县经济社会发展、较弱的经济实力、对问题的认识不到位等），使得部分市县的科技工作没有被重视。针对基层科技工作对县域经济的发展起到的重要作用，一些地方领导还没有足够意识到，或者认为科技创新的前期投入太大，而起效又太慢。因此，对于科技工作的进展仅仅停留在口头上，很少去具体实施，况且也没有把科技工作纳入到重要议事日程中去，更谈不上从人、财、物上予以支持。一些单位或企业的创新意识不够强，并且还仅仅停留在赚取低端产业效益的基础上，根本就没有为企业的长期发展制定具体的科技发展战略。另外，上级部门对基层科技工作布置任务多，指导工作少。基层科技工作得不到重视，导致基层科技工作职能难以有效发挥。特别是那些经济发展比较落后的市县，科技工作的发展不尽如人意，基层科技工作的机制缺陷问题仍然相当突出，有些市县的科技管理机构甚至被撤销，部分市县甚至至今还没有设立单独的科技工作部门。

2. 基层科技投入严重不足

据相关部门统计，全国目前存在 30.6％市县很少或根本没有科技经费。此外，大部分地方政府虽然把科技三项经费列入到了年度财政预算中去，但是由于众多原因，部分经费就如空头支票，根本没有足额兑现。这导致科技经费很难名副其实。大部分市县科技经费没有按要求通过科技部门审核划拨，且科技经费很少，有的市县甚至没有科技经费。同时，基层科技以企业为主体的多元化社会投入体系尚未形成，大部分企业和厂矿根本没有预留科技发展基金，基层科技的原始创新缺乏强劲动力。基层科技部门的基础设施极其薄弱，影响工作的有效开展。科技部门成为无指标、无经费、无下属单位、无实际工作的"四无单位"。

3. 基层科技管理部门定位不准，职能弱化

在市场经济条件下，政府的一个职责就是弥补市场失效，且为市场提供应有的服务。在要素市场发育不好、市场主体缺乏、市场运行规则不健全的情况下，严重影响到了科技的发展，作为基层科技职能部门，更应当担当推动市场组织建设、培育市场主体、优化科技发展环境的责任。但是，当前许多市县科

技局的职能正在弱化，主要有以下几方面原因。一是有关基层科技部门的职能定位问题，无论是基层科技人员还是地方政府领导，大多数表示其职能不清。有相当数量的基层科技管理部门工作条件差，工作人员严重不足，办公设施陈旧，科技工作经费严重短缺，缺乏基本的科技工作手段和设备，不能有效开展工作。二是科技部门所拥有的职能与经济尤其是涉农部门的交叉比较多，协调沟通难度大，科技部门开展工作往往需要利用行业主管部门的资源开展，其工作的权威性受到很大影响（李太勇，2007）。从而导致基层科技工作陷入"经费紧张开展工作难，职能萎缩发挥作用难，缺乏手段执法难"的局面。

4. 基层科技基础建设滞后

大部分基层科技基础设施建设都严重落后，普遍出现人员流失现象；科技服务范围狭窄，缺乏基层科技信息资源，难以促进市县企业的发展；没有健全的基层科技网络服务设施，多数市县原有的科技推广体系也已消失，加之适应市场经济规律和要求的新型科技服务体系还未及时建立，使得科技推广能力较弱。

5. 基层科技人才短缺，人才流失严重

在科技人才建设队伍中，国有企业、高等院校和研发机构所拥有的科研人员居多，而基层所拥有的科技人才少之甚少，尤其是专业技术人员十分短缺，造成自身"贫血"，难以有效开展服务工作。同时由于人才的培育和使用脱钩、物质待遇低、工作条件差、作用发挥不充分等情况，致使基层科技人才的流失现象严重。

6. 基层科技创新能力薄弱

企业是创新的主体，在所有企业中，大中型企业科技创新能力较强。据统计，一些科技活动机构及从事科技活动的人员主要存在于大中型企业。由于绝大部分市县属企业是小型企业，故其科技人才短缺，科技创新能力相对较弱。市县科技中介服务体系建设严重滞后，还不能为市县小企业提供有力的技术支持（张庆宁，2006）。

二、科技入园的战略性意义

工业园区是中小企业的聚集地，也是各生产要素的集中地，因此工业园区也是企业自主创新的核心基地。工业园区的经济发展要更上一个台阶，就必须发挥科学技术作为第一生产力的作用，在园区内的企业中大力发展和实施高新技术，使得企业从事高端产品的生产。通过实施科技入园工程，将各方面的力量聚集在一起，提升科技服务，引进重大项目、核心产品、重大核心工程等，把园区内的企业武装成为具有高新技术的企业，并用强大的科技力量为园区企业的创新发展提供支撑。

（一）实施科技入园工程是完善区域创新体系的需要

区域经济发展跟社会、经济、技术具有相关性，是一个较为复杂的过程，可以通过对区域创新体系进行建设和进一步的完善来有效地整合技术、经济、政治方面的优势资源，从而提高创新能力，促进区域经济的发展。因此，区域创新体系受到了越来越多的国家的关注。为加快我国现代化建设、保障国家安全和应对经济全球化发展，党中央国务院审时度势地做出了坚持自主创新、建设创新型国家的重大决策和部署，并于 2006 年 1 月 26 日出台了《中共中央国务院关于实施科技规划纲要增强自主创新能力的决定》，指出要建设各具特色和优势的区域创新体系，促进中央与地方科技力量的有机结合，促进区域内科技资源的合理配置和高效利用。目前，各地政府正在思考一个核心问题，要想提高区域的创新能力，就必须健全一个区域的创新体系，如何去建立这样一个体系，是该问题的关键所在。

企业是区域创新的主体，市场经济制度下从知识向商品的转化都需要依赖生产产品的企业去完成。企业在研发阶段不断地进行技术创新，通过在生产过程中引入科技创新成果，增强技术和生产能力，制造出满足市场需求的商品，从而形成规模产业，最终将信息和技术转变为物质财富。也正是源于企业自身不断的进步和财富的积累，才能够促进知识的更新和科技的创新，形成新的研发投入，将信息和技术再转变为更大的财富，最终实现经济与技术发展的良性循环。因此，在市场经济体制环境下，企业和市场直接联系，企业最清楚市场的现状和需求，最了解科技创新的发展方向。如果没有企业的应用，科技成果将难以转化为现实的社会生产力。

自 21 世纪以来，我国企业如雨后春笋般大量涌现，但大部分企业还是中小企业，规模和实力不足，很难成为引进技术创新人才的主体、技术投资主体和技术研发主体。所以，一方面要将企业作为技术创新主体，促进产学研的结合，同时大力培育和发展民营科技，让其异军突起；另一方面要将科技入园作为机制和载体，建立健全区域创新体系，使企业成为真正的研发投入和成果应用主体。通过协助建设地区性研发中心、工程技术中心，提高企业在创新认识、研发投入、成果应用等方面的能力，进一步加速技术成果转化，提高企业创新能力，使区域创新体系建设落到实处。

（二）科技入园是加快工业园区经济发展的需要

工业园区作为自主创新体系的重要载体，必须通过不断地提高创新能力，才能保持良好的发展势头。此外，必须把增强自主创新能力作为科技进步的战略基点和调整产业结构、转变经济增长方式的中心环节，要在提高集成创新能力和引进消化吸收再创新能力的同时，大力开发具有自主知识产权的关键技术和核心技术，建设创新型产业园区。

实施科技入园工程的目标是建设特色产业园区，引进高科技人才，提升产业发展水平，提高自主创新能力，培育掌握核心技术、具有自主知识产权和品牌的大型区域性高科技企业，促进工业园区经济的可持续发展，为完善区域创新体系提供全面的科技服务。

（三）科技入园是落实科学发展观，转变发展方式的需要

在经济社会的发展过程中，科技一直占据着主导位置。产品的市场竞争终归还是科技的竞争，科技竞争的关键则是自主创新能力的竞争。江西省属于欠发达地区，竞争能力相对处于劣势，要想取得经济的跨越式发展，加快江西省崛起的步伐，必须提高技术创新能力和应用水平。江西省经济的现实基础决定我们要更加重视增强自主研发能力和推进技术进步，探索一条科技创新支持和指引社会经济发展的新道路，帮助企业增强自主创新能力，从"江西制造"转变为"江西创造"，推动区域经济又好又快发展。

为贯彻落实党的十七大精神，转变经济发展方式，提高企业自主创新能力，江西省实施了科技入园工程。以生产力促进中心为主体的科技中介服务机构，大力推进科技入园，提高园区企业科技创新能力，提升园区经济发展水平，从而促进了江西省区域经济的快速发展，彰显了科技支撑引领经济发展的强大动力。

（四）科技入园是应对全球金融危机的迫切需要

中小企业占我国企业总数的90％以上，大部分采用模仿技术，生产成本较高，技术创新与核心竞争力不足，产品差异化不明显，面临较大的市场竞争压力。在全球金融危机之下，中小企业急需加强自主创新能力建设。全球金融危机告诫我们，中小企业应对危机的唯一方法就是走科技创新之路。

1. **产品附加值低，要求中小企业加强科技创新**

长期以来，很多中小企业都是资源和劳动密集型产业，金融危机导致这些企业的产品滞销。在这种情况下的企业缺少能够增加产品附加值、调整产品结构、使产品形式多样化的技术创新手段，不能及时降低和分散风险，长时间后将形成路径依赖，面临更大的市场风险。

当今企业之间的竞争归根结底是核心技术的竞争，只有具备自行研发条件时企业才能拥有属于自己的核心技术，而那些低成本、低产品附加值的加工注定会被当前形势下的市场所淘汰。中小型企业的特点是研究能力弱，有些甚至不具备研究能力，这是中小企业受制于其他因素，在全球金融危机时也易受到影响的主要原因。因此，当面临金融危机时，中小企业需抓住契机进行经营转型，在吸纳和培育内部研发人才和队伍的同时加强技术改造，增强企业自主研发创新能力。只有通过创造属于自己的核心品牌与技术，提高产品附加值，才能提高企业产品竞争力，走自有品牌战略，摆脱依附和被动的局面。例如，天津市河北区科技园企业天津百利阳光环保设备有限公司，在全球金融危机时其主要产品轮胎的生产受到影响而造成销售量大幅度减少，但企业在此时转向自主创新，投入约 3000 万元引进研发人才和创新团队，开发了"城市生活垃圾综合处理及资源化利用成套装备产业化"项目。该项目被 2008 年北京奥运会采用，运行状况良好且受到一致好评。2009 年，该项目列入自主创新重大产业化项目，又被推向国内外市场。可以看出，企业正是通过自主创新进行新产品的开发，较好地克服了全球金融危机的影响，又重新步入良性的发展轨道。

2. **对外依存度高，要求中小企业加强科技创新**

当前，我国中小企业产品普遍存在自主创新能力低、国内竞争力不强的情况，因此通常是进行出口贸易。其弊端在正常时期内并未直接显露；然而在金融危机时期，西方国家民众所持有的购买货币紧缩将会导致购买力下降，这就直接对一批出口企业特别是处在产业链低端且对外依存度高的中小型企业产生了负面影响。在没有核心技术的情况下，这些企业若失去购买来源，很可能因无法维持经营而倒闭。尽管中小型科技企业是技术创新的活跃分子，但大部分还处在初创期和成长期，规模较小，由于抵御风险能力较弱，且需要大批资金进行研发投入，所以全球金融危机时期容易产生较高的经营风险和财务风险。产品滞销、信贷紧缩等的冲击都将导致中小企业发生严重的倒闭现象，但是具有核心竞争力的企业也能在国内、国际的竞争中得到机遇（朱文洪，2010）。例如，有些中小企业在遭遇全球金融危机资金周转紧张的情况下，仍通过某种渠道筹措资金引进了国际上先进一流的技术设备，增强了研发实力，并不断对产品的种类和质量进行改革和创新，在激烈的市场竞争中依然保持了一定的占有率。据此可以得出，唯有坚持科技创新才能使企业在竞争中占据一席之地。

正如人们所预言，全球金融危机过后将会有很多新兴产业产生。这就要求我们通过不断地研发新产品，来增添新的市场需求；通过对技术需求进行改进，来帮助企业顺利渡过遇到的危机和难关；通过节能增效，提高企业所生产产品的技术含量，进而提升其市场竞争力；通过将研究机构引入企业，引进关键人才和技术，来提高企业自主创新能力，最终实现企业经济的可持续发展。

同时，我们也应该看到，全球金融危机不仅带来了挑战，也带来了机遇，给企业带来了一次技术创新、结构优化和调整的历史机遇。我们必须抓住时机，通过实施科技入园工程，促进成果转化及高技术产业化等工作，多方位展开科技服务，协助企业完善运行机制和管理体制，以市场为导向，以效益为中心，优化产业结构，提高产品质量，使企业化危机为契机，化被动为主动，依靠产品和技术来提升创新效率，实现区域经济的跨越式发展。

（五）科技入园是科技创新支撑和引领经济社会发展的需要

目前，我们有很多的科技成果没有转化为企业的生产力，而很多企业存在对科技的需求，但是我们培养科技人才的高等院校和科研院所还处于茫然不知的情况，更不用提是否知道企业对科技人才的需求方向。因此，我们可以得出影响科技成果转化率很低的一个重要原因是，企业的科技需求与高等院校、科研机构的培养或研发目标之间缺少相互沟通的环节，从而出现了信息不对称等问题。要解决科技和经济的结合问题，解决经济和社会发展中对科技创新需求的问题，一定要解决科技进步的桥梁和纽带问题。

科技支撑和引领经济社会发展，必须有着力点、结合点。科技入园便是一条很好的科技支撑和引领经济社会发展的途径。实践表明，这种途径和机制有利于转化科技成果，有利于培养各方面的人才，有利于使企业和科学家实现双赢，有利于把科技成果转化为现实生产力，有利于提升区域创新体系效率，有利于支撑和引领经济社会发展。必须站在这个高度来认识并解决"科技满天飞，就是要着地"的问题。

（六）科技入园是完善科技服务体系改进服务方式的需要

科技系统包括很多的科研院所，如何使这些科研院所能够真正地为企业发展服务是关键所在。科技入园便是很好的模式和机制。一方面，通过科技入园发展一批中介服务机构，并将科研院所拥有的资源和力量进行整合，从而为完善科技服务体系提供强大的力量支撑；另一方面，借助实施科技入园工程的良好契机，对基层科技部门工作和管理人员的作风进行改进，提高其研究调查、服务企业及在市场经济体制环境下科技攻关的能力，能够有效优化科技服务方式，进而完善江西省的科技创新服务体系建设。因此，在创新体系的建设过程中，把科技入园和机关效能建设相结合，有利于科技系统改进服务方式，形成一套更加务实有效的科技工作服务体系。

三、科技入园的基本策略思想

科技入园是策应工业园区崛起、走新型工业化道路的必然要求，是彰显第一生产力、提高自主创新能力的实际行动，也是深入贯彻落实科学发展观，全面落实《国家中长期科学和技术发展规划纲要（2006—2020 年）》的战略任务和应对全球金融危机的科技支撑措施。科技入园要准确把握国家未来经济社会发展的战略重点，着力支持促进经济结构调整、经济发展方式转变、发展战略性新兴产业与服务业，应对建设资源节约型和环境友好型社会、促进民生改善等对科技提出的新需求。江西省在实施科技入园工程中坚持以下基本策略。

（一）科技服务要不断开辟新的抓手、新的领域

1. 把落实科技机构入园作为科技入园的前提

一是成立了工作机构。江西省生产力促进中心发展迅速，在各级政府的支持下，较好地解决了编制、人员和经费问题。二是强化了中心管理。各市、县（区）科技局普遍指定一名副局长兼任生产力促进中心主任或分管生产力促进中心工作，抽调骨干力量，在人员部署上向科技入园倾斜。三是落实了办公场所。在园区公开生产力促进中心的工作职能和办事程序，落实了办公场所和工作人员长驻园区办公。

2. 把推进科技政策入园作为科技入园的先导

一是面向企业宣传科技政策。通过上墙宣传、上门宣传、上网宣传等多种渠道，使科技政策真正覆盖园区所有企业，激发园区企业依靠科技开展创新创业的热情。二是督促园区落实科技政策。科技、财政、税务等部门要协调配合，共同园区企业落实税收减免、政府采购、信用担保等优惠政策，使园区企业真正得到实惠。三是设立科技入园专项。设立科技入园专项资金，主要用于鼓励和扶持园区科技创新平台建设、重大成果转化等。

3. 把组织科技项目入园作为科技入园的载体

一是安排本级项目入园。县市两级科技项目与经费向工业园区倾斜，充分发挥好有限财政资金的杠杆作用，引导企业走创新发展之路。二是争取上级项目到园。要善于发现企业的创新成果，积极引导企业进行成果或新产品鉴定，鼓励和帮助企业申报各级各类科技计划和产业化转化项目，以便更好地争取国家级、省级科技资金的扶持。三是招引科技项目入园。大力推进科技大开放和市校战略合作，引导产学研深层次紧密结合，抓好"科企、央企、民企、外企"四个对接重点，加大高新技术、高层次人才和高精尖项目的引进力度，建立高新技术项目筹备库，促进一批以"院士经济""博士产业"为龙头的项目落户工业园区。

4. 把开展科技服务入园作为科技入园的根本

一是建立服务平台，提供信息服务。园区要进一步完善"一网两库三台账"，创建一流的科技创新综合服务平台，努力申报成为国家级创新创业服务中心（高新技术孵化器）。各县（区）工业园区也要尽快建立和完善"一网两库三台账"，建立科技网站、项目库、专家库、企业基本情况台账、企业科技需求台账和科技入园工作台账。二是积极开展科技培训，培养科技人才。组织专家对园区企业相关人员进行专门培训，帮助其了解当代科技发展方向，学习最新科技成果，掌握行业发展动态，熟悉科技项目的申报要求。三是组织科技论证。积极筛选符合条件的企业申请高新技术企业、民营科技企业等科技论证，帮助企业打造科技品牌；组织符合条件的园区申报国家级和省级高新技术工业园区、特色产业基地、民营科技工业园、农业科技示范园等，做好认定工作，促进园区内在素质与外部形象同步提升。

5. 把吸引科技人才入园作为科技入园的关键

一是牢固树立人才是第一资源的观念，大力实施人才战略，把发现人才、培养人才、吸引人才、用好人才和留住人才作为科技入园的根本任务，建立健全技术等要素参与权益分配的激励机制，重奖有突出贡献的科技人员，通过一系列的优惠政策加大对院士、长江学者等高层次创新人才的引进力度，吸引更多的优秀人才为工业园区的创新发展服务。二是积极引进创业资金进入园区，为高层次人才创业和高新技术项目的产业化提供良好的融资服务，为创新人才、创新项目和创业资金做好牵线搭桥工作。

（二）加大工作力度，推进科技入园纵深化发展

1. 深入产业集群

以目前存在的十大战略性新兴产业为主体，继续优化并延伸十大战略性新兴产业的产业链、创新链，将科技入园工作渗透到产业集群中去，从而做大、做优各个产业集群。将园区的优势资源集中起来，不断提升产业集群的发展，突显产业集群的科技入园工作。例如，萍乡市的非金属材料、吉安市的电子信息产业、新余市的光伏产业等，可通过提高创新能力，以产业集群为基础推进科技入园，从而形成整个产业的生产力服务体系和生产力促进中心。要加大对各方面人才的引进，不断探索新的服务体系，深入产业集群，形成立体效果、整体效应，推进科技入园纵深化发展。

2. 开辟新领域

江西省有 51 个省级农业科技示范园区、3 个国家级农业科技示范园区、16 个鄱阳湖生态经济区示范园区，将工业园区科技入园典型的模式和体制拓展到农业园区，包括科技特派员制度和其他一些入园方式，将促进示范园区的快速发展。同时，在社会领域加快成果推广，加快先进技术的应用。尤其在民生工程方面，要大力探索，明确抓手，着力推广科技成果，使科技入园拓展到工业、农业和社会三大领域。

3. 充分利用科技资源

江西省有着非常丰富的科技资源。"十一五"期间，各种研发机构增加了200 多个，已达到近 3000 个，拥有 70 所大学，省一级工程中心和重点实验室168 个，国家级工程中心和重点实验室 9 个，国家级高新技术特色产业基地 20 个。市县科研院所专家、孵化器、实力企业、产业服务部门、农村农业龙头企业、农民专业合作社，以及各种学会、协会，都迫切需要整合资源，集中力量，根据地方科技资源状况，引导其共同参与科技入园，提高园区科技含量，提高园区竞争力，更好地落实园区科技入园，扩大科技入园的资源集成。

（三）与时俱进，开创科技入园新局面

1. 做好"两个倾斜"，坚持"四个围绕"，抓住"五个重点"

"两个倾斜"就是领导精力和科技资源要向园区倾斜。"四个围绕"即围绕支柱产业、围绕特色产业、围绕新兴产业和围绕现代农业。"五个重点"是抓好重点园区、抓好 10% 左右的重点企业、健全一批重点科技服务机构、落实好一批重点入园科技项目和抓好一批重点科技服务团队。在大力推进科技入园工程中，坚持科技资源向园区倾斜，坚持围绕江西省重要产业，抓住重点，以点带面，开创科技入园新局面。

2. 完善机构，健全园区创新体系

科技入园的关键是充分发挥生产力促进中心的优势和作用，把生产力促进

中心作为科技入园的主抓手，成为科技进入园区的桥头堡、科技服务园区的排头兵和科技入园行动的主力军。大力加强生产力促进中心队伍的建设，使其在数量上、功能上都能满足科技入园的需要。科技主管部门与地方政府要加大对生产力促进中心的扶持力度，以市场需求为导向，以机制创新为动力，以服务能力建设为核心，以专业化、规范化、国际化为方向，背靠政府，面向市场，依托高等院校和科研院所开展服务，达到组织网络化、功能社会化、服务产业化。

3. 引导需求，调整企业发展战略

目前，江西省很多园区的企业生产的产品属于低档次、低技术含量的，且这些企业的中高层管理者又缺乏创新意识，对引进高科技存在质疑态度，加之受到全球金融危机的影响和全球贸易保护主义的加剧，使得消费者的需求在不断萎缩。面对这种严重的情形，当地政府必须积极引导园区内所有企业的科技需求，帮助其引进科技人才，并加强与各大高等院校及科研院所的合作关系，利用这些科技人才去开发满足顾客需求的新产品。此外，加强制造业信息化推广应用，走创新驱动发展之路，变规模取胜为技术制胜，变大举投资为集约经营，变单纯出口为国内外市场同步开拓，变四面出击为战略重组，变长期备料为快速周转。要化压力为动力，化被动为主动，练好内功，依靠科技创新，实现企业核心竞争力的提升，从而为危机后的发展打下坚实的基础。

4. 多方拓展，提升中心服务能力

多方拓展，提升生产力促进中心的服务能力。一是突出专业化服务。充分发挥现有生产力促进中心的基础和优势，在政府决策咨询服务、科技咨询服务、信息服务、培训服务等方面进一步做大做强，培育在江西省乃至全国有较大影响和竞争力的服务项目和服务品牌。二是聚焦国家战略和省战略。围绕经济社会发展的热点难点问题，积极开展节能减排、新农村建设及现代服务业发展等方面的咨询和技术服务，研究和大力推广新能源与节能降耗技术、信息化技术、环保技术等。三是整合科技资源。以生产力促进中心为纽带，整合省内重点实验室、工程技术研究中心、科技企业孵化器、大型科研仪器等资源，面向中小企业提供技术咨询、技术诊断、成果转化等相关技术服务。四是拓展服务领域。支持、引导江西省各市和有条件的县（区）建立科技创业投资资金和中小企业担保公司，组织生产力促进中心定期进行项目推介，逐步搭建中小企业融资平台，拓展融资服务能力。

5. 统筹管理，构建资源共享平台

在科技入园工程实施过程中，要充分发挥生产力促进中心的网络化优势和各种科技中介机构的职能作用，对各级入园科技机构统筹管理，协同配合。在各中心原有"一网两库三台账"的服务模式基础上，以江西省生产力促进中心为龙头，按照"整合，共享，完善，提高"的原则，构建全省科技入园和企业信息资源共享服务平台，提高资源利用率，改变当前各中心各自建网、建库，重复建设的格局，加强全省各级生产力促进中心相互交流与合作。

（四）创新模式，树立科技服务品牌

创新服务模式，继续开展"科技人员入园入企"及"技术人才项目三对接"活动，不断扩大服务内容和服务领域。创新服务方式，包括服务体系、管理制度，形成三大服务特色。一是立体服务，二是全程服务，三是特色服务，从而形成一套具有地方特色的科技入园模式和规范。

1. 千名科技人员入园入企，促进产学研相结合

组织实施"千名科技人员科技入园行动"，在江西省高等院校、科研院所选派 1000 名科技人员，深入江西省级工业园区，围绕园区企业产业发展需要，遵循"政府引导、双向选择、立足当前、着眼长远"的原则，采取成果进园、信息至园、服务到园，帮助和支持园区企业解决难题、创新技术、开发产品、改善管理、加快科技成果转化、培育技术和管理人才等多种方式为园区企业提供服务，有效提升了企业自主创新能力，增强了园区企业的核心竞争力。

通过这次行动，初步建立了以企业为主体、市场为导向、高等院校和科研院所为依托的产学研结合新模式，取得了明显的成效。据 2011 年《江西生产力快报汇总》统计，江西省共申报科技人员服务企业备选项目 487 项，通过资格审查项目 484 项，报科技部备选项目 51 项。到 2011 年为止，科技人员与企业签订合作协议 580 余份，服务企业 530 余家，科技人员派出单位 70 余家，派出人员 1850 人。"千名科技人员入园入企行动"共在江西省 1070 家企业征集需求 1260 余项、企业需求科技人员数 2760 余人次。

"千名科技人员科技入园行动"的实施，标志着江西省以生产力促进中心为主体的科技入园实现了在广义上的延伸，成为产学研结合的科技入园新模式。

2. 技术人才项目三对接，搭建创新要素对接服务平台

开展"技术人才项目三对接"活动，推进了江西省企业和创新机构与中央企业、国内著名院所、重点高等院校及国内外其他优势科技资源，开展全方位、多领域的合作，实现优势互补、互利双赢、共同发展。围绕江西省科技创新"六个一"工程的实施，围绕各设区市工业园区、主导产业和龙头企业的发展，拓宽与大院、大所、大型科技企业的合作领域，疏通合作交流渠道，推进以项

目为载体的科技合作，为江西省企业发展、产业升级，提供有力的科技支撑。

"技术人才项目三对接"活动征集了江西省 11 个设区市及有关大型企业的技术需求、人才需求和融资需求项目共计 798 项。来自江西省内外的科研院所、高等院校及其他有关方面提供了各类高水平的科技成果共计 2395 项。共签约 100 个合作项目，签约金额 90.64 亿元，签约项目投资额达 105.64 亿元。"技术人才项目三对接"活动是江西省实施科技大开放战略，广泛集聚人才、技术和资本要素，加快技术创新和高新技术产业化的重要举措，对于推进江西省科技创新"六个一"工程的顺利实施，实现江西省在中部的崛起和新跨越，具有重要的现实意义。

"技术人才项目三对接"活动集聚技术、人才和项目三大创新要素，为广大园区企业提供了对接的服务平台，是科技入园的又一个广义上的崭新服务模式。

科技入园既是策应工业园区崛起、走新型工业化道路的必然要求，也是彰显第一生产力、提高自主创新能力的实际行动（蔡丽华，2010）。从目前江西省全省的科技工作来考虑，科技入园、科技入企及科技创新"六个一"工程是其首要完成的工作任务，此项任务能够从整体上提升江西省科技创新的能力，从而进一步加快全省经济的发展。此外，我们还应该在科技入园的内容、工作举措、运营模式方面进行更深入的研究，树立全省科技服务品牌意识和全民的科技创新精神，科技入园工程必定会带来科技创新的成果，从而支撑和带领江西经济的可持续发展。

参考文献

蔡丽华 . 2010. 大力推进科技入园支撑引领经济发展 . 科技广场，16（6）：63～65

江西省生产力促进中心 . 2011. 2011 年全省生产力快报汇总

赖文兴 . 2006. 我国科技成果转化率低的四大症结浅析 . 福州党校学报，16（3）：78，79

李太勇 . 2007. 基层科技工作的现状与思考 . 衡阳通讯，10（8）：36

徐冠华 . 2005. 全面推进县市科技工作　把科教兴国战略落实到基层——科技部部长徐冠华在全国县（市）科技工作会议上的报告（摘要）. 科技与经济，18（1）：7

张庆宁 . 2006. 宁夏县（市）科技工作的问题与对策研究 . 宁夏社会科学，14（2）：49，50

朱文洪 . 2010. 从金融危机中看中小企业科技创新的重要性 . 科学观察，9（1）：80

国内外科技服务模式的比较

第三章

一、国外科技服务模式

总体来说，国外科技服务模式比较成熟，世界各国在其科技服务实践中，形成了自己的特点，也找到了适合各和自经济发展的科技服务模式。在当今世界的科技服务模式中，以美国、日本和欧盟的模式最为成熟。在这三种模式中，美国比较注重大环境的营造，给企业一个科技创新的氛围，同时能够根据企业的需求提供众多服务，如技术转让、网络信息、培训服务等；日本则是对企业进行比较直接的支持，建立了和企业联系比较紧密的中介部门，如中小企业事业团等，更切实地了解企业需求，为企业提供支持；欧盟的民营科技创新服务政策介于美国和日本之间，既考虑外部氛围的营造，又考虑到企业的实际需求等。

（一）美国科技服务模式

营造环境是美国科技服务模式的特点，科技服务机构尽力了解企业的需求，给企业提供尽可能多的服务模式，促进企业成功实现科技成果的转化。美国为企业提供科技服务的主导形式是通过国家技术转移中心。通过这种机构促进企业根据自身的特点和条件与学校或科研机构进行合作，促进科技成果转化为现实生产力。同时，为了及时发现和满足企业新的技术需求，国家技术转移中心建立了相关的数据库，具体为企业提供培训、技术转让、网络信息服务及发行相关的技术转让出版物等服务。

在美国科技服务模式下，政府给予企业充分的自由，不干涉企业进行创新，政府的功能主要是在搭建服务平台、制定法律等方面侧面地促进企业技术创新（刘雪彬和田金明，2006）。美国政府的科技服务政策具体如下。

1. 把握市场趋势制订科技计划

美国政府在考察企业和市场的发展后，积极制订促进产业发展的相关科技计划，加大力度促进科技向企业转移。

2. 建立服务中心

在企业的技术创新及发展过程中难免会遇到很多技术问题，因此美国政府建立了技术中心及实验室，为企业解决在实践过程中遇到的技术难题，促进企业更有效率的创新，得到了企业的欢迎和认可。

3. 设立创新奖励基金

为了鼓励中小企业进行技术创新，同时也能够解决企业进一步发展和创新所需要的资金问题，美国政府为技术创新突出的企业设立了政府基金，能够更加有利于企业进行创新。

4. 加大力度全方面财力支持企业创新

创新需要强大的财力支持，考虑到中小企业创新资金需求问题，美国政府从不同角度为中小企业提供贷款担保、投资等方面的金融扶持。美国开放的金融模式对于企业创新有重要的作用，首先美国政府给予私有银行进行发展的空间和机会，同时引进风险投资金机构，为企业进行创新创造多方面的金融支持。其次政府和优秀的风险投资机构合作，对优秀的中小企业进行投资，一是可以鼓励中小企业进行创新；二是可以促进风险投资机构的竞争和发展，帮其分担风险。

5. 引进优秀中介机构，完善中介服务方式

中介是一个专业性比较强的行业，美国政府设立优惠的政策，吸引国内外顶尖的中介服务机构为企业提供更加全面的帮助，同时政府凭借自己的资金和能力以独立或和企业合作的方式建立一些相应的中介服务部门。中介机构的完善，对于美国企业的技术创新有重要的促进作用。

（二）日本科技服务模式

日本在企业科技服务业发展中具有重要的导向作用。首先，在法律上，日本政府对于科技服务业的作用和重要性进行了明确的定位和说明。其次，日本政府对于和企业技术创新有关系的中小企业诊断协会和中小企业事业团在国家各级行政单位都设有地方性事业法人机构（图 3-1）。

日本对于企业进行科技服务的模式具有政府导向作用，日本还专门建立了促进企业发展的信息机构等（刘雪彬和田金明，2006），具体做法如下。

1. 制度环境支持

日本政府为促进企业进行产品创新，设立了技术顾问制度，聘用有经验的

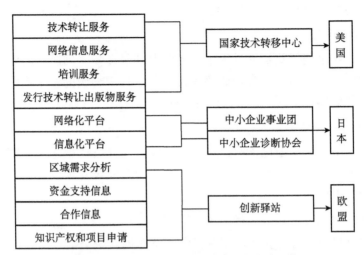

图 3-1 美国、日本、欧盟科技服务方式比较

专家及科研工作者担任顾问为企业提供技术服务，对于企业进行技术创新及新产品开发具有重要的作用。同时，日本政府在多个方面为企业提供制度环境。例如，建立信息咨询中心为企业提供咨询，同时建立为提高企业的管理水平的机构等。

2. 财政支持

资金是企业进行创新的重要因素，日本政府在政策上给中小企业提供 50% 的创新资助，同时在税收上日本政府也有相关的政策，如实施抵扣企业进行研究的经费税，促进企业进行研究。

3. 引进人才

人才是企业技术创新的重要因素，日本政府积极培养科技人才，鼓励具有技术的专业人才进入企业进行咨询和技术支持，同时建立技术人员研修制度，使企业的员工能够更加快速的学到更新的技术，极大地促进了企业的创新。

（三）欧盟科技服务模式

欧盟为企业提供的科技服务方式，介于美国和日本之间，并且建立了创新驿站，为企业全方位提供各种技术信息，为企业进行技术创新提供支持。欧盟的科技服务方式既注重对企业从大环境上进行支持，同时又从细节方面给企业提供技术支持，更全面地促进企业技术创新。欧盟成员国众多，虽然在具体的科技政策和细节上各国家的科技服务模式有差异，但科技服务模式从整体上看还是相似的（刘雪彬和田金明，2006），以下重点介绍德国的科技服务模式。

1. 技术服务支持

企业在进行技术创新的过程中会遇到很多技术难题，同时也会有很大的风险，因此德国政府为帮助企业更好地解决这个问题，与金融机构及科研机构一起成立服务中心。同时为了解决创新过程中的风险问题，政府为企业提供资金支持，分担技术创新的风险，同时鼓励科研机构进行科研，并把科技成果向企业转移，最终实现科技成果产业化。

2. 信息咨询服务

为了更好地了解企业创新过程中遇到的问题及需求，德国政府专门组织企业进行交流，同时成立相关的咨询机构及组织专业部门为企业提供信息咨询服务。

3. 技术培训支持

德国政府除了在环境和制度上完善科技服务模式外，为了更全面地提高员工的素质，同时使员工能够更好地适应企业的工作，它们还注重对企业员工进行技术培训。德国法律规定，从业人员都要经过培训才能上岗，培训内容包括理论培训和企业特定岗位培训。对于新创办的企业进行专业的技术测试，政府规范企业准入制度。

以上介绍了三种典型的国外科技服务模式，三种模式都有各自的特点，其服务方式都相当的完善并且建立在各个部门共同协助的情形下，同时政府制定的政策、法律对中介机构的完善和发展有重要的作用。中国应该结合自身特点，同时借鉴国外的先进方式形成自己的科技服务模式。

二、国内科技服务模式

国内很多省市也很重视给企业提供科技服务，促进企业的创新，比较有代表性的分别是：四川省的科技人才孵化基地模式，其主要注重科技人才的培养，极大地促进了园区经济的发展。安徽省实施科技特聘员、科技特派员、科技联络员"三员"服务模式，广泛征集民意、找准问题、深入开展"保增长、助企业、促发展"活动，行动快、出实招、成效显。上海市杨浦区的"三区联动"模式，走出了一条以大学科技园区建设为重要战略支点，大学带动城区、大学与城区联动发展的可持续发展道路，促使传统工业园区向知识工业园区的发展。上海市青浦区科学技术委员会启动"科技综合服务平台"建设，成为集成科技服务资源，服务企业创新驱动型发展的有益尝试和一次重要实践。江苏省启动实施高校科技服务社会"校企联盟"行动计划，加大产学研合作和科技成果转化力度，为地方经济发展转型和产业升级服务，为保增长促发展提供智力支持和人才支撑。以广东省、四川省、浙江省为代表的"科技特派员"模式，通过引导国内外科技人员及其团队深入生产一线，架起高校、科研院所优势创新资源与企业、产业、区域合作的桥梁，切实解决企业各类技术问题，提升区域自主创新能力和产业核心竞争力。

(一) 四川省科技人才孵化基地模式

科技人才是引导企业进行技术创新的核心条件，四川省泸县十分重视人才队伍的建设，它们在科技服务企业的工作中，就是以人才服务为着眼点的。从2008年开始，四川省泸县建立了人才孵化基地模式，在园区建设过程中，主要以人才培养为根本，重点制定相关政策，建立企业激励机制，开辟各种渠道引进人才，并且根据项目和产品创新情况大力培养人才。同时，支持企业员工去科研中心和有关专业部门进行进修和培训，很好地促进了工业园区的发展，具体措施主要有以下四个方面。

1. 制定引进人才政策

泸县县委、县政府以政策和制度引领，制定了相关的人才引进和管理的政策与制度，为园区提供了重要的人才保障。自2006年以来，泸县县委、县政府出台了《泸县科学技术奖励办法及实施细则》《关于建设泸县工业园区科技、人才孵化基地的意见》等文件，比较具体地提出了人才引进和培养的相关政策措施和建议，鼓励企业、科研机构及高校进行合作，建立稳定的合作关系，促进科技成果转化。

2. 鼓励企业和高校进行联系，依托项目合作集聚人才

高校、科研机构集聚了大量的科技创新人才，因此能够创造出更多的新知识、新技术，对于企业技术创新能够提供更多的资源。它们除了可以创造新知识、新思想等，还可以通过科技成果转化、培训等方式，把科技成果转化为财富。泸县县政府认识到了高校和科研机构在创新中的作用，大量开展学校和企业的合作，搭建了良好的科技人才孵化平台。通过政府的努力，企业和清华大学、中国科学院成都生物研究所等26家大学及科研院所展开了合作，通过相关的项目逐步形成了资源共享、风险共担的人才机制。

1) 联办科技研发机构、共同承担科研项目

企业和高校之间共同创立研究所，共同研究技术问题，鼓励公司和高校共

同承担国家级及省级创新基金项目，通过项目的合作，可以共同解决技术创新过程中遇到的技术难题，促进科技成果产业化。

2）联合构建教学实验基地

鼓励企业和高校共同建立教学实验基地，通过此方式使企业和高校共同解决技术课题和难题，加快创新步伐。

3）技术转让与合作开发

高校和企业在合作过程中会涉及技术转让问题，因此泸县县政府鼓励企业和高校之间签订相关技术协议，促进科技成果产业化，并且能够更好地促进企业和高校之间的合作。

3. 财政支出，鼓励企业创新

资金是创新所需要的重要因素，泸县县政府为解决企业在创新过程中所需要的资金问题，建立专项技术创新资金，重点向工业园区倾斜。

1）强化产学研合作支持力度

对企业和高校共同申报的国家级与省级相关科技项目政府给予资金补贴，保证在项目进行过程中有资金的支持，有效地加快了项目的进行和创新。泸县县政府主要做法是按照到位资金的5％～10％给予企业补助。通过市级以上科技成果鉴定的项目，再奖励企业1万元。对于依托高校联合建设的研究生工作站、教学实验基地，经认定合格的，一次性补贴3万元以上工作经费。

2）强化自主创新支持力度

对企业进行的自主创新，泸县县政府加强财政支持。根据科研投入资金占销售收入比重的情况，予以财政支持。例如，某企业上年度科技研发投入资金达到销售收入的5％以上，可按投入资金的5％～10％给予补助。同时，对企业购买国内外专利及科技成果，使用自主研发的发明专利进行产业化生产，并产生一定效益的，可给予企业2万～20万元的资金扶持。

3）强化重点人才奖励

对企业的优秀人才进行奖励，同时对引进高学历的研究生或高级工程师以上的科技人才，并且在企业中连续工作3年，给予企业奖励等。

4. 优化创新环境，构建服务平台

创新需要良好的大环境，泸县县政府注意到了此问题，建立了相关的人才培养、技术职称评定等服务平台，使企业有进行创新所需要的良好环境。

1）搭建信息平台

考虑到人才和企业之间的双向选择及信息问题，泸县县政府构建了人才市场信息平台，并且定期举行人才交流活动，使企业和人才之间能够进行有效的沟通。

2）建立领导联系制度

泸县县政府鼓励高层次人才和领导定期去企业进行交流，解决人才遇到的技术、生活等问题，加强企业文化建设，搭建良好的科技人才交流平台，更有利于科技的创新。

3）加大职称评定力度

对于重点培养的产业，泸县县政府放宽申报条件，放宽初级专业技术职务申报条件，鼓励大量的企业进入到该产业中进行自由竞争，鼓励发挥生产一线和工艺流程岗位创新人才的作用，鼓励企业实行继续培训机制，激励一线人才。

4）强化人才培养

泸县县政府从多方面大力培养人才，首先对人员进行培训，包括就业前培训和在职培训；其次鼓励专家举办学术报告会，实行技术资源和人才资源共享，鼓励建立校企联合模式等多方面培养各类人才。

（二）安徽省"三员"服务模式

安徽省的"三员"服务模式主要从人才方面进行考虑，包括科技特聘员、科技特派员、科技联络员三方面，力争全面调动人才的积极性，发挥人才优势促进创新。以下详细介绍安徽省黄山市的以人才为中心的"三员"服务模式。

1. 深入企业了解企业科技需求

黄山市科技局为了更好地为企业提供科技服务，深入调查企业实际科技需求，在调研的重心方面，建立相关的项目实施跟踪问效机制，促进项目更好地实施，发挥科技局为企业科技服务的作用，促进企业科技创新。

2. 邀请企业相关人员进行座谈

除了去企业进行实地调查了解技术需求外，黄山市科技局同时邀请企业相关人员进行座谈，了解企业相关需求，同时企业之间可以更好地沟通各自的科技创新想法，并且和科技局人员共同讨论全市科技系统如何发挥科技支撑作用，在讨论中根据相关问题得出建议，更好地促进相关科技政策实施和为企业进行服务。

3. 组织企业家"走出去"，开展黄山市"企业家走进科研院所"活动

为了使企业更好地解决自身技术难题，同时促进企业和科研院所之间的联系，黄山市科技局组织企业走进科研院所，促进企业和科研院所之间的沟通和交流，提升企业的技术创新能力。

4. 完善深化科技"三员"制度

1）科技特聘员制度

为了使科技特聘员制度能够可持续发展，建立长效机制，充分利用大学的

人才、技术等优势，黄山市科技局聘请科研院所等相关科技专家去相关重要单位担任科技特聘员，解决企业所遇到的技术难题和需求。

2）科技特派员制度

黄山市科技局联合市委组织部、黄山学院帮助企业制定技术创新发展战略，引进高新技术成果和技术，共建创新平台和基地，参与企业关键技术研发，培养企业高层次人才，以促进科技人员和企业之间进行成功对接。

3）科技联络员制度

黄山市科技局组织局相关干部联系企业，进行科技政策宣传，希望科技联络员每年至少为企业服务一件事情，促使企业更好地解决相关技术问题，促进创新。

（三）上海市杨浦区"三区联动"模式

上海市杨浦区的"三区联动"模式得到了上海市政府的高度支持，它是一种创新型的发展模式，对于新城区建设及促进高校集聚地的发展有重要启示作用，是一种正在探索中的新型城区发展模式，为探讨高校集聚地的发展及创新型城区的建设提供了有益借鉴和重要启示（姚芳，2009）。"三区联动"模式主要是指全方位配置资源，联结园区、校区、城区，全方位促进创新，主要包括园区主导、校区主导、城区主导三种不同的联动模式（李建强和黄海洋，2009）。

1. 创造政策大环境

为更好地促进"三区联动"模式，杨浦区政府从四个方面入手，创造良好的政策大环境。首先，杨浦区政府把地理位置优越的土地规划出来建设科技园区。其次，项目是工业园区发展的重要支撑，杨浦区政府鼓励项目向工业园区转移。再次，在资金投入上，杨浦区政府给予高校极大的支持，与学校一起构建工业园区。最后，杨浦区政府鼓励大学生、科技人员进行创新，为高校师生提供创业的全方位服务，同时引进风险投资机构、中介机构，为园区更好地发展提供全方位的政策支持。

2. 创新体制机制

在推进"三区联动"的过程中，杨浦区政府建立了相关的体制机制，更好地促进了三区之间的联动：组织园区内领导、高校及科研院所的科技人才进行经常性的沟通，促进了知识的交流与园区和高校之间的联系；邀请高校及科研机构的院士去园区中担任信息咨询、技术咨询专家，极大地促进了知识的传播；为全方位地推进基础教育，与高校一起建立中学，打造优质教育集聚地；为了鼓励大学生创新创业，建立了相关的大学生创业园，为大学生创业提供了良好的环境。

3. 建设"产学研"联盟

高校集聚的地方，知识资源也同样高度集聚，杨浦区政府紧紧依托高校，发展科技园区，使高校能够为企业和社会提供科技服务服务，成为产学研的重要平台，为科技园区的发展贡献自己的力量。杨浦区政府鼓励高校的知识和技术资源向企业转移，支持高校和企业进行以技术创新为载体的合作，促进信息资源技术的交换。通过园区与高校的信息、技术、资源等的交流，建设相应的产学研联盟机制，促进科技成果转化为生产力。

（四）江苏省"校企联盟"模式

学校是知识的发源地，高校里积聚了众多的资源，所以如何利用好高校的力量，实现科技成果转化，是一个重要的问题。江苏省科技入企的方式被称为"校企联盟"，各项政策都着力于充分利用高校的资源，探索企业的需求，使企业与高校最大限度地合作起来。

江苏省充分利用自己教育大省、科技资源丰富的优势，实施"校企联盟"计划，促进高校和企业之间的合作，促进科技成果转化。2009 年 4 月初，江苏省正式启动实施高校科技资源应用于企业的计划，促进产业机构升级，为企业技术创新发展提供人力和智力支持。"校企联盟"计划的先期目标是：组织江苏省的高校和科研院所与省内的企业进行结对合作，组织科技人员和企业结对，高校和企业之间形成了一对一、一对多、多对一等"校企联盟"形式，极大地促进了学校的知识、技术资源向企业转移（吴弼人和凤莹，2009）。具体做法有以下几个方面。

1. 开展合作研发，满足企业需求

江苏省在医药、海洋资源、煤炭、材料等众多领域开展了产学研合作，企业和高校合作开展、合作研发可以共同培养高科技人才，促进科技成果转化。江苏省校企合作取得了巨大的成就。例如，扬州大学积极参与高效农业科技示范园区的建设，合作实施农业开发项目，水稻、蔬菜等产品无公害生产技术得以转化应用和示范推广，实现了农业增效和农民增收；南京巨环医药科技开发公司与南京师范大学共同研制药品，专利的申请近 20 项。

2. 依托企业实体，转化高校科研成果

众所周知，高校是科技成果产生的集聚地，但是如何把科技成果转化成生产力则是高校、企业和政府都关心的问题，江苏省以科技成果转化成生产力为

奋斗目标，鼓励高校以企业为载体，转化科技成果。以企业为载体，极大地促进了科技成果的转化，给江苏省的经济带来了极大的发展。

3. 全方位为企业提供科技支撑

江苏省鼓励高校开展科技人才服务企业计划，专门为地方培育创新人才，建立高校教授和企业对接的计划，同时创新技术创新服务平台，鼓励高校的高科技人才去企业提供技术服务，为企业解决技术难题。在行业发展上，政府支持和鼓励高校建立专门的研究所，为行业发展提供技术支持。

4. 促进教学改革，培养合格人才

江苏省考虑到高校培育的人才和企业所需要的人才之间会出现不匹配的情况，促进高校进行教学改革，为企业定向培育专业人才，同时根据企业的需求，组织专门的培训，提高员工的科技水平。同时，高校和企业之间以项目为支撑进行合作，并且根据公司生产实际所需进行教学，为企业培育所需的人才。

5. 提供咨询服务，提高管理效率

管理创新对于企业的发展至关重要，江苏省政府鼓励高校的企业管理学者为企业提供管理咨询服务，解决企业效率低下等一系列管理问题，进而提高企业的经济效益。

"校企联盟"计划从组织形式、服务方式等方面着手，全方位促进科技成果转化，科技人员从高校向企业覆盖，企业和高校之间的合作也从单纯的项目向更长久稳定的合作转变。该模式的实施，极大地促进了学校的人力、智力向企业进行转移，促进科技创新，对于全国科技服务模式的创新有重要影响。

（五）上海市青浦区"科技综合服务平台"模式

青浦区的"科技综合服务平台"模式主要是指创新要素向企业集聚，在创新所需的各个环节构建平台，促进资源的传播和技术创新。该模式成为集成科技、知识资源，引导企业创新发展的一次重要的实践。

1. 完善科技服务体系

"科技综合服务平台"模式围绕科技项目受理、科技政策宣传、中介服务三个方面构建服务窗口，同时服务资源的相关机构，在信息咨询、产品研发、科技成果转化等方面开展相关工作，提供科技查新特色服务。这有利于企业快速、方便地评价科技成果的创新性水平，同时，加强网络建设，在全市率先建立工业园区服务分站。

2. 成立技术经济人公司，加强科技综合服务

为了解决企业在技术创新和发展过程中遇到的问题，青浦区政府着力培养

技术经纪人，成立技术经纪人公司，技术经济人走访企业，了解企业所需，成功地帮助了企业解决相关需求。同时，为了鼓励大学生进行创新，鼓励大学生申请创新项目，同时积极组织召开视频会议，对项目进行评审，极大地激发了大学生的热情。"科技综合服务平台"为企业提供全方位的服务，包括信息咨询、受理科技查新、技术职称认定等。

3. 建立科技联络员制度，完善沟通渠道

为了解决科技交流问题，挖掘企业需求，青浦区政府加大力度培育科技联络员队伍，为了加强与企业的交流，建立短信平台，更方便信息的传递和公告的发布及通知。科技联络员制度覆盖范围极广，包括市高新技术企业、科技"小巨人"企业等。科技综合服务平台逐渐成为企业和政府部门进行沟通的枢纽，方便政府了解企业需求，同时企业和政府之间也形成良好的纽带关系。

4. 完善投融资服务体系，推动技术与资本的融合

技术创新需要资本支持，青浦区科学技术委员会建立了以资本和技术服务为一体的系统，促进科技成果转化为生产力。青浦区政府积极引入国内外成熟的风险投资机构，对企业创新进行支持，并且成立科技创业投资公司，吸引更多的风险基金支持企业的创新发展。

青浦区形成了自己独特的科技服务模式，"科技综合服务平台"始终以企业对创新的需求为着眼点，力求为企业提供创新所需要的大量资源，2008年4月，科技部向全国进行推广和介绍"青浦模式"。

(六) 科技特派员模式

我国很多省份都实施了科技特派员模式，如浙江、山西、四川、广东。实施企业科技特派员计划，是深化产学研合作的一项重要措施，具体做法大同小异。主要有两条途径，一是鼓励及引导高科技人才深入企业进行指导和分析创新工作，同时把高校及科研院所的知识技术优势资源与企业之间进行良好的对接，提高企业的创新能力。二是根据企业生产的实际情况，高校及科研机构对其进行相应的生产指导，高校也可以根据实际情况进行人才培养制度的创新，同时根据科技特派员助理的相关工作，更针对性地解决人才培养问题，有利于提升高校毕业生的就业能力。以下以广东省的做法为例进行说明。

广东省实施的科技特派员模式是一次创新型的探索，是在产学研合作框架上进行的一种积极的尝试。科技特派员模式对广东省企业界和高校界的改革产生了重要的作用，强烈地鼓励了高校及科研院所的教授去企业的热潮。从2009年开始，广东省全面推进科技特派员模式，选派国内100所左右的重点高校、

科研院所 2000 名左右的科技人员深入企业，为企业的生产和科技创新方面的问题提出解决方案，引导企业进行生产和创新，完善企业管理方式和机制，全面提升企业的竞争力，同时引导高校应届毕业生作为科技特派员助理并实现就业，具体做法有以下几个方面。

1. 指导企业制定发展战略

战略规划对于企业的发展至关重要，科技特派员具备相关的专业背景和知识，能够识别目前行业发展中的机遇和风险，同时结合企业的实际情况进行相关的战略分析和指导，使企业能够把握好发展的大方向，掌握有利条件进行创新。同时，借助科技特派员的中间作用，能够促进企业和高校及科研院所之间进行长期稳定的合作，促进科技成果转化为生产力。

2. 鼓励企业和高校及科研机构共建创新平台

为了实现企业和高校之间的良好合作，政府鼓励高校与企业之间共同建立相关的研发创新机构，包括技术研究中心、实验室、检测服务系统等，既能促进企业把握好最先进的技术，也能使高校在科技创新研究中和企业的实际所需及生产相关联，极大地提高了创新的效率。

3. 全方位参与指导企业研发工作

科技特派员充分参与到企业的实际研发工作中，利用其自身的技术、科技、知识等资源给予企业的实际研发工作相关建议，同时和企业一起共同解决实际研发过程中遇到的重大技术问题。

4. 优化企业研发团队，联合培养人才

为了持续保持人才的先进性和可获得性，政府鼓励与企业联合培养人才，主要方式包括企业和高校之间共建人才基地。同时，企业在高校及科研机构之间投入资金进行专门人才的培养，企业为高校的教师提供实践能力，使教师除了具备理论知识外还具备相应的实践能力，更有利于授课和知识的传播。

5. 完善技术创新体系，发挥典型示范效应

为了使企业的创新具有可持续性，同时带动其整个行业的发展，利用特派员在典型企业的发展效益，宣传产学研结合的重要作用，带动周边中小企业进行自主创新的动力，促进整个行业技术创新能力的提高，加快建立以企业为主体、市场为导向、产学研相结合的技术创新体系。

参考文献

李建强，黄海洋 .2009. "三区联动"的主要模式及其多维视角解析 . 工业工程与管理，(6)：

127~131

刘雪彬，田金明.2006.发达国家民营科技企业创新服务体系的比较分析及其启示.求实，
　　(6)：73~76

吴弼人，凤莹.2009.科技人员服务企业在行动.华东科技，(5)：30~32

姚芳.2009."三区联动"高校集聚地区发展的新模式——上海市杨浦区的实践与思考.经济
　　研究导刊，(6)：238，239

江西省科技入园的具体
做法和主要经验

第四章

一、江西省科技入园的具体做法

江西省科技入园工程，是科技部门以科技为支持，以工业园区为平台，实现科技与企业的有效对接，将科技转化为现实的生产力，促进园区经济跨越式发展的工程。科技入园包括科技机构入园、科技政策入园、科技项目入园、高新技术入园、科技人才入园和科技服务入园等。科技入园既是解决科技与经济结合问题的纽带，也是提高科技创新主体创新能力和科技成果转化效率的桥梁。

实施科技入园工程以来，江西省各市、县生产力促进中心积极展开工作，根据当地经济发展的特点及主导产业，为园区企业提供各类科技服务。以下分别从科技机构入园、科技政策入园、科技项目入园、科技人才入园和科技服务入园五大方面阐述江西省实施科技入园工程的具体做法。

（一）科技机构入园

科技机构入园是科技入园工程实施的前提，各市、县在实施科技入园的具体工作中，主要通过三种方式来实现，即生产力促进中心入园、中介服务机构入园及建立科技服务平台。

1. 生产力促进中心入园

江西省各市、县（区）科技局普遍指定一名副局长兼任生产力促进中心主任或分管生产力促进中心工作，并明确生产力促进中心进入工业园区的工作职能、办事程序和办公场所。由科技局的若干骨干和生产力促进中心人员组成团队，长期入驻园区为园区的企业提供服务。以下举例说明部分市、县（区）的具体做法。

（1）吉安市有九个生产力促进中心进驻各地工业园区，并设立园区科技服务工作办公室，在园区公布了主要科技工作办理程序。各入园区的生产力促进中心都是经过当地政府编制办公室同意设立的，该中心具有编制和法人资格，由吉安市科技局一名副局长兼任中心主任或分管中心工作，同时抽调骨干力量进驻园区办公。

（2）桑海经济技术开发区科技局由一把手担任生产力促进中心主任，分配专门工作人员任对口工作人员，几名有工作能力的技术骨干为成员。划拨办公室、配备电脑、打印机、数码相机等实用工具。

（3）萍乡市生产力促进中心建立了一级管一级的协同机制。萍乡市科技局还成立了科技入园工作领导小组，给各县（区）科技工作分派1～2名工作能力强的员工具体负责，做到市、县（区）、乡（镇、街）三级都有人员具体负责。

（4）资溪县面包生产力促进中心建立科技服务的专门场所，即资溪面包综合大楼，该大楼总建筑面积2830平方米，内含中心办公室、研发、技术培训等，共投入资金360万元。

（5）萍乡市以主导和特色产业为中心，打造产业服务平台，对市生产力促进中心和六个县（区）生产力促进中心进行股东扶持，对国家级萍乡经济开发区综合科技创新平台进行重点扶持，同时还引进和组建了创新能力强的研发机构入驻园区，以提供更加专业的科技服务。

（6）修水县生产力促进中心驻园区服务站设置了专门的办公室，明确了专门的服务责任人，制定了"修水县生产力促进中心办事公开栏"，把生产力促进中心的简介、办事程序、工作职责、工作目标、服务承诺等挂牌上墙，还设置了投诉电话、电子邮箱、"一网两库三台账"信息服务平台。

（7）景德镇市陶瓷产品设计研究中心与生产力促进中心实行"两块牌子一套人马"。陶瓷产品设计研究中心的主要目标定位包括以下几个方面。①设计资源的集聚中心。设计研究中心依托国家日用及建筑陶瓷工程技术研究中心、景德镇陶瓷股份有限公司，集聚国内外高等院校相关专业、设计院所及企业的设计资源，其中包括人才、设施、成果信息等。企业对设计成果的需求和应用信息，是企业与设计单位、设计人员之间沟通的桥梁。②中小企业产品设计中心。设计研究中心作为开放的平台，除固定的设计人员外，还将吸引全国知名的设计专家前来创作设计。根据创作设计的成果，试制样品，同时建立新产品库，供企业选用，投放市场。设计研究中心已聘请国家级陶瓷艺术大师作为陶瓷产品设计研究中心的设计顾问。③专业设计人才培训中心。利用景德镇陶瓷学院和国家日用及建筑陶瓷工程技术研究中心的资源，以各种形式为陶瓷行业培训专业的设计人才。条件成熟时，还可与相关职能部门，如人事管理、行业协会联合开展设计师资格培训和认证工作。④陶瓷设计行业的学术交流中心。利用景德镇陶瓷学院和国家日用及建筑陶瓷工程技术研究中心在行业中的影响和地位，开展陶瓷设计行业学术交流和研讨活动，研究流行时尚的设计理念，满足消费者需求的新产品，创办陶瓷产品设计行业杂志。举办各种层次的大奖赛，活跃学术气氛、发现和培养新人，不断推出新设计的陶瓷产品。

围绕陶瓷产品设计中心的目标定位，生产力促进中心开展了以下具体工作。①利用现代网络信息技术，开设景德镇陶瓷网上市场，开展供求信息查询、发布，产品展示，学术交流，网上对接等服务，开通网络电子商务，建设企业应用服务提供商（ASP）公共服务平台，加快陶瓷企业无形市场的建设，做到有形市场和无形市场相互补充，有机结合。②利用景德镇市一年一度召开的陶瓷博览会平台，组织开展陶瓷产品设计大奖赛，把评选出来的优秀设计作品和成果及时推介给企业，使陶瓷产品设计大奖赛成为陶瓷博览会的活动内容之一。另外，组织一些好的设计成果参加国内相关展览会，使设计成果尽量走向市场，形成产业化。例如，"红叶杯"景德镇日用陶瓷产品创新设计大赛、全国青花玲珑及青花日用瓷创新设计大赛、景德镇陶瓷创新餐具设计大赛等。③开展陶瓷设计行业学术交流和研讨活动，促进景德镇市传统的陶瓷文化与现代的设计理念有机融合。条件成熟时可逐步创办发行陶瓷产品设计刊物。④建设陶瓷产品设计陈列展示馆，该馆将收集、展示优秀的陶瓷产品设计成果。

2. 中介服务机构入园

中介服务机构入园，是指在工业园区内引进中介机构，包括引进科技孵化基地、创建科技创业服务中心、建立金融担保中心等机构，从而为园区企业提供项目申报、专利代办、科技融资等服务。各市、县都有一些具体做法和创新（王海，2009）。

（1）中科企业创新服务中心是为企业提供中介科技服务的机构，吉安市安福唯冠油压机械有限公司通过该中介机构，成功申报了一批省级、市级科技项目，并设立了吉安市液压工程技术研究中心，同时争取到了各级科技项目经费。

（2）江西省科技厅在萍乡经济开发区科技服务平台设立了科技风险担保中心。该中心为园区科技型企业提供科技融资服务，从而有效地推动科技创新和创新成果的转化。

（3）吉安市生产力促进中心通过对市场情况进行详细的分析，逐步建立起规范的服务流程，组建专业的信息化咨询团队，积累丰富的信息化资源库，为制造业企业提供全面的信息化技术服务，以满足不同阶段的企业需求。

信息化技术服务具体包括以下几个方面。①需求诊断：帮助企业提炼信息化需求；②方案咨询：为企业提供信息化解决方案；③项目招标：帮助企业主持工程项目的招投标，并为企业推荐合适的软、硬件产品，以确定最佳实施方案；④技术支持：为企业持续不断地提供技术支持与服务；⑤人员培训：为制造业企业提供专业化人才培训，全方位、多层次地帮助企业培养大量的管理人才和技术人才，参与企业的制造业信息化工程的全过程。

（4）宜春市生产力促进中心在园区内开展科技中介服务，利用开发区民营科技孵化企业，合理运用科技有限公司的土地、厂房、资金，结合科技部门的管理优势，把科技含量高、具有自主专利技术的科研成果进行转化。该中心还参与孵化园的企业的引进工作，对其水电和基础设施工作进行协调调度，帮助企业解决生产和技术上的难题。该中心与深圳市某中介机构、江西省九州企业管理咨询中心合作，帮助企业开展认证工作。

生产力促进中心为企业提供的无偿科技服务，包括为企业提供技术信息和新产品信息；翻译外文资料；联系专家和技术人员；为科技人才牵线搭桥开展对接工作；开展各类技术培训和学术探讨交流会；利用省科技厅担保中心的平台，为企业申请科技贷款融资；组织企业参加中国国际高新技术成果交易会（也称深圳高交会）、中国国际低碳产业博览会（简称碳博会）、科技对接会；对宜春学院理工学院中级职称以上的教师开展普查登记工作，将有技术专长的教师列入应急专家库，对园区企业生产研发中遇到的技术难题进行快速反应和应急处理等。

3. 建立科技服务平台

生产力促进中心建立为园区企业服务的综合性信息服务平台，主要是"一网两库三台账"。其中，"一网"是科技网站，"两库"是项目库和专家库，"三台账"是园区企业基本情况台账、企业科技需求台账和科技入园工作台账。通过这些平台为园区企业提供各类与科技相关的服务，包括咨询服务、技术服务、信息服务等。从而实现园区企业的资源共享，并提高生产力促进中心对园区企业的有效管理和服务效率。以下举例说明部分市、县（区）的具体做法。

（1）江西省机械行业生产力促进中心建立了江西机械信息网网站，并建立了"四库"，即专家库、企业库、标准库、产品库。该中心在江西机械信息网上构建了国家标准网络服务系统，建立网上标准销售平台，开通国家标准电子阅览室。通过标准在线服务，方便快捷地为企业服务，满足企业多样化的需求。

（2）南昌市生产力促进中心在南昌市主持召开了以"共建、共享、共赢"为主题的华东网设区市科技情报所所长联谊会，探索拓展华东网科技情报系统之间的横向战略合作，并原则同意以南昌市开发的科技服务平台软件系统为基础，建立相应的科技资源整合共享机制。

（3）吉水县生产力促进中心结合部门职能，构建了三个科技服务平台：一是科技管理信息平台，该平台初步建立了县、乡两级科技信息管理服务网络，有效提高了科技管理水平和效率；二是科技资源共享平台，该平台对一些科技设施、科技文献和科学数据等进行重组和优化，使之成为全县基础性公共科技平台；三是科技项目管理平台，该平台主要对各项目单位的项目信息、基本情况、项目实施情况、产品开发进度、科研投入经费等信息进行跟踪服务。

（4）赣州市生产力促进中心对科技服务专家库进行了更新和充实，把各位专家按照姓名、性别、年龄、专业特长、通信地址、联系电话、专业门类等进行详细登记，并编制成册，若企业或个人在生产中遇到问题，则可直接或通过网站向专家咨询，也可登门拜访专家，解决生产实际问题。

（5）景德镇市生产力促进中心成立了"三个基地一个平台"，三个基地包括产品设计基地、产品试制转化基地和陶瓷产品设计成果展示机推介基地。一个平台是指陶瓷品设计中心网站。该中心围绕中小企业在政策、技术、管理、信息等方面亟待解决的共性问题，利用数字技术、网络技术、通信技术，投资开发一个共享的创新服务平台，解决企业创新创业活动中手段不足和创新条件、种类不全的问题，从而有效地促进了企业间、行业间、院企间的交流与合作。

（6）鹰潭市在工业园区建立了铜产业共性技术研发服务平台和微型元件产业共性技术服务平台，为企业提供信息、检测、人员培训、信息交流等方面的服务。这些平台开发了铜业数据库，在此基础上建立了触摸查询系统，建成开通了鹰潭市首家铜产业综合性专业网站——鹰潭铜业网，并开通了鹰潭市铜业科技创新研究会网上办公平台。

（7）南城县生产力促进中心积极促进政府上网、企业上网，保证所有服务单位网站的日常维护，以及乡镇政府和县直单位的正常上网工作，组织未上网企业上网，以及指导已上网企业做好网站的维护和更新工作。

（8）吉安市生产力促进中心通过网络和其他通信手段，在对全市制造业信息化专家调查的基础上，将从事与制造业信息化有关的知名专家，以及在制造企业和科研院所第一线从事信息技术工作的专业人才录入到专家数据库中，并收集他们的最新研究成果，建立专家档案。该中心主动向企业推荐所需的专家，指导企业开展制造业信息化方面的工作，同时将该库挂入网站，便于企业联系和咨询。

（9）吉安市吉州区生产力促进中心建立了覆盖全市企业科技网络信息专业系统和统一数据交换系统，有利于企业间信息互通、资源共享。该中心还帮助企业进行计算机网络建设及企业管理软件开发。

（10）江西省生产力促进中心结合业务工作开展的需要，建立"五网三库"，"五网"即江西省科技信息网、生产力促进中心工作网、高新技术及产业化网、江西省农业信息化应用示范网和江西省制造业信息化网，"三库"即江西省企业公司及产品数据库、科技文献信息数据库、科技成果项目数据库。

（11）新余市渝水区生产力促进中心建立光伏（太阳能）产业数据库，在全国科技信息服务网运行，新余政府网的"光伏产业——打造世界级光伏产业基地"板块也采用了该数据库资源。该数据库是江西省光伏（太阳能）行业中首个专业数据库，被江西省科技情报系统作为特色数据库，归因于该数据库数据全面、内容丰富、科技信息含量大、更新及时等优势。

针对新余市产业状况和"1010 工程"的要求，在已建成的光伏（太阳能）产业数据库的基础上，新建了化工新材料科技信息库和钢铁产业数据库两个数据库，主要服务于新余市"1010 工程"中的新余钢铁集团有限公司和江西江锂科技有限公司。另外，构建"一村一品"特色农业数据库和新余市专业技术数据共享服务平台。"一村一品"特色农业数据库由"一村一品"影像、农技动态法律法规、农业科技资料、供求商务信息、农业知识问答等内容组成。新余市专业技术数据共享服务平台是生产力促进中心技术人员对该平台进行了网页设计、平台用户使用报告、平台验收资料整理等工作。为了适应企业的发展，新余科技信息网专门新开辟了如风能发电专栏、科技文献资料需求服务专栏等有特色的服务内容。

（12）由宜春市科技局主办、宜春市生产力促进中心承办的《宜春科技》电子政务网，宣传科技政策法规，推介重要科技工作和对外信息交流。《宜春科技》主要是反映宜春市科技事业的发展和工作动态、内容设计科技工作、科技政策、科技成果、科技交流与合作、技术推广与引进、适用技术介绍等。刊物发行面为宜春市所辖 10 个市、县（区），193 个乡镇，市直各单位，市属高等院校，科研单位，市、县（区）工业园区，民营企业等。

生产力促进中心为能够给企业提供全方位的科技服务，建立了以下四个平台。

（1）信息共享平台。信息共享平台包括江西省科技创新公共服务平台信息资源数据共享、万方数据资源系统、宜春创业项目网、宜春科技网信息检索及发布系统、宜春市生产力促进中心中小企业信息服务系统。通过万方数据资源系统和清华同方学术期刊网等，每天采集发布国内外科技、经济、市场、政策、法规等方面的信息，为全市各企事业、科研院所、高等院校、科技人员提供课题查新及各类信息咨询检索。

（2）工业设计平台。工业设计公共创新服务平台经过几年的运行，已经形成工业设计服务网络体系。该网络体系加入了中国生产力促进中心联盟的网络体系；建立了有自己域名的工业设计信息网络服务网站，包括数据库于知识库的建设，国内外设计信息流行趋势分析，跟踪国内外流行的产品设计流程，创新模式和设计管理资讯等；建立了公共技术支撑服务平台，集成通用技术软件，包括 CAD/CAM 等设计软件；建立了人才培训服务中心，为相关中小企业培养设计人才。

（3）科技交流与合作平台。生产力促进中心与高校、科研机构及专家建立密切联系，开展校企之间的对接活动。帮助园区与院校间进行科技方面的交流与合作；组织各种形式的座谈会、联谊、论坛、报告会等活动；帮助园区企业搭建研发平台；组织园区科技型企业参加中部博览会等活动，聘请专家到园区为企业举办"科技融资"专题讲座，派人员参加中国生产力促进联盟举办的"工业设计平台"和"知识产权管理"培训班。

（4）科技成果转化平台。生产力促进中心与江西省统领科技有限公司在工业园区共同建立科技孵化基地，整合科技资源和社会资源，申报科技孵化器专项经费，并推荐园区企业申报科技成果奖。

（二）科技政策入园

实施科技政策入园主要分为三大步骤：第一，做好科技政策的宣传工作，这是实施科技政策入园的前提；第二，帮助企业争取科技政策；第三，督促园区落实科技政策。

1. 宣传科技政策

宣传科技政策，是各市、县（区）生产力促进中心通过主动上门告知、上墙张贴、上网公布会议宣传等多条渠道，使园区企业能够及时了解国家和地方政府的科技政策。以下举例说明部分市、县（区）的具体做法。

（1）江西省机械行业生产力促进中心采用定期和不定期两种方式向企业宣传科技政策。定期方式，是指该中心每月编辑江西省《机电信息》、每季编辑《江西机械标准化简讯》发送给企业，传递国家政策法规、行业热点、市场动态、企业最新科技给有关单位。不定期方式，是指该中心不定期向企业寄送有关标准化方面的材料，帮助企业了解国家最新颁布的标准，理解标准内容，促进企业落实各类标准。

（2）江西省国防科技行业生产力促进中心受江西省船舶工业管理办公室委托制作了江西船舶工业网网站。该网站设有政策法规、通知公告、重要活动、船舶配套、企业风采、技术动态、船舶标准等 10 个功能模块。

（3）吉安市生产力促进中心帮助园区企业了解掌握科技政策，宣传国家科技优惠政策，发放各级科技政策汇编材料，并通过市政府信息公开平台和市科技局科技经济网及时发布有关政策法规，帮助企业及时获取科技方面第一手资料。

（4）新余市生产力促进中心和高新区经济运行局配合，走访高新区的企业。在熟悉园区企业基本情况的基础上，宣传新余市生产力促进中心科技入园的政策和服务范围，发放《新余市企业科技服务需求情况调查表》和《新余市企业科技创新需求调查表》，全面掌握园区企业情况。

（5）江西省中药生产力促进中心上门服务周边中药企业，为各中药企业提供行业政策信息协助中小企业进行技术创新活动，及时解决企业生产中遇到的工艺难题。

（6）南昌市生产力促进中心在南昌市科技局网上开设专栏，介绍国家、省、市对企业的各种优惠政策、措施，使企业及时了解国家的相关优惠政策和行业发展趋势。

（7）景德镇市生产力促进中心及时捕捉科技新动态，有针对性地对市经济建设和社会发展热点问题提供有政策价值的科技信息，从而提高《景德镇科技》刊物的质量。

（8）萍乡市湘东区生产力促进中心编印《产业动态》，该刊从政治、经济、技术、社会、生态等多角度对该区陶瓷产业进行剖析，认识优点和不足，按照政策、市场、科技进步、同行对手的走向、趋势和要求，对产业发展提出指导性、可操作性建议。同时，介绍当前陶瓷产业科技进步趋向和科研院所、高等院校研发的技术成果，普及陶瓷专业有关知识。该中心还召集重点陶瓷企业座谈会，向企业发放生产力促进中心的宣传册，将生产力促进中心的服务理念、服务项目、办事流程及开展服务情况等工作内容广泛进行宣传，并就企业在发展中存在的困难和问题及时进行整理、分类，使我们有针对性地做好服务工作。该中心在区电视台做专题节目，滚动播出，收到了良好的宣传效果。

2. 帮助企业争取科技政策

帮助企业争取科技政策，主要是主动帮助企业争取省级和国家科技计划项目和政策，帮助符合条件的企业申报高新技术企业、认定民营科技企业或科技新产品，引导企业申请成果鉴定或申报专利等服务工作。以下举例说明部分市、县（区）的具体做法。

（1）资溪县面包生产力促进中心为各入园企业提供产前、产中、产后一条龙服务，为入园企业提供服务、解决技术难题、帮助引进技术人才、提供各种信息。例如，该中心帮助阿公食品有限公司（入驻资溪县工业园区）办理手续，取得土地出让优惠政策，争得 31 万元土地出让金先征后返的优惠，让政府优惠政策在企业得到体现。

（2）上饶市生产力促进中心组织调研组深入经济开发区企业调研，实行

"贴身科技服务"。通过与企业老板和技术人员座谈、征求意见、下车间考察、发放调查表等形式，全方面了解企业的发展状况、科技需求、存在的问题，帮助企业解决技术难题，挖掘技术创新项目。

（3）德兴市生产力促进中心成立了"德兴市知识产权工作领导小组"，建立了相关部门参加的知识产权联席会议制度，制定了加强知识产权保护和管理的办法。该中心邀请过国家、省、市知识产权领导到德兴市百勤异 VC 钠有限公司指导，邀请专家为园区企业举办了两期专利知识讲座。该中心还为园区企业员工举办过专利知识培训。经过对园区企业知识产权的宣传和申请专利的引导，园区企业专利申请量、授权量相比上年同期都有一定程度的增长。

（4）乐平市生产力促进中心对入园企业首先进行初步筛选，选出能够培养发展为高新技术企业和科技型中小企业，积极协助这些企业申报高新技术企业和科技型中小企业。

3. 督促园区落实科技政策

督促园区落实科技政策就是要通过与财政、税务等部门沟通协调，督促园区落实科技型企业在税收减免、政府采购等的优惠政策，使园区企业用好用足科技政策，得到实实在在的好处。以下举例说明部分市、县（区）的具体做法。

（1）赣州市章贡区科技局督促和帮助企业每半年进行项目进展情况上报和项目验收材料准备工作，协同企业认真完成每一项工作，使企业的国家科技型中小企业技术创新基金项目顺利通过验收评审。

（2）吉安市科技局科技水平指标纳入政府年度考评体系，开展年度科技部门业务工作考核评比，对年度目标任务进行跟踪督查，以促进年度目标任务有序、有效推进，确保科技工作落到实处。

（3）修水县生产力促进中心建立班子成员和园区企业"一对一"联系制度，每位班子成员至少联系一家企业，每月都要到联系的企业至少走访一次，每半年汇报总结一次，确保科技工作顺利开展及园区企业优惠政策落实到位。

（三）科技项目入园

科技项目入园，是江西省实施科技入园工程的重要抓手。通过项目入园带动资金、人才、技术入园。科技项目入园包括安排科技支撑计划项目入园、争取上级科技项目入园、招引科技项目入园、组织科技论证四大方面。其具体做法包括以下几个方面。

1. 安排科技支撑计划项目入园

安排科技支撑项目入园，是指江西省市、县（区）两级科技经费侧重向园区企业倾斜，使有限的科技投入能够最大限度地发挥效用，调动企业技术创新的热情。以下举例说明部分市县的具体做法。

（1）吉安市生产力促进中心在三项经费上重点向井冈山经济开发区、省级民营科技园区和市、县（区）工业园区倾斜，支持和引导园区企业加强技术创新。

（2）南昌市工业企业，特别是高新技术企业越来越倾向于向工业园区聚集，因此南昌市科技局科技工作的重点在工业园区。南昌市科技三项经费重点投向工业园区，支持工业园区科研技术开发，推动高新技术产业化。据不完全统计，南昌市投向工业园区的科技三项经费一直保持着占据市全部科技三项经费的80％以上。中小企业创新基金项目大部分坐落于工业园区，特别是高新区。获得863计划、国家火炬计划、国家重点新产品计划和国家重大科技专项支持的多个项目均在工业园区内。

2. 争取上级科技项目入园

争取上级科技项目入园，主要是引导和帮助企业申报国家创新基金、国家火炬计划、国家科技支撑计划、国家重点新产品计划等纵向项目。以下举例说明部分市、县（区）的具体做法。

（1）吉安市科技局通过生产力促进中心在井冈山经济技术开发区举办创新基金项目申报专题讲座，深入科技企业了解其实际的科技需求，指导科技项目特别是省高新技术产业化项目的申报。

（2）上饶市生产力促进中心结合园区企业实际情况，瞄准国家、省、市科技部门支持的重点，选择一批有优势、科技含量高，对产业、企业有拉动作用的项目，进行认真的包装和谋划，加大申报力度，以争取得到更多的资金和技术支持。

（3）南昌市生产力促进中心组织相关专家为企业提供相关的咨询服务，协助企业完成项目申报，包括撰写项目申报书、可行性报告等。

（4）鹰潭市生产力促进中心组建铜业科技创新研究会，举办创新基金项目申报及专利申请培训班。

（5）景德镇市生产力促进中心积极开展项目申报咨询指导服务、技术交易认定和信息调研等工作，为企业开展各级科研项目的咨询、评估，为科技计划的立项做好科技项目的检索查新，以及为企业科研项目编写材料等全方位服务工作。

（6）修水县生产力促进中心建立了以蚕桑、药材、茶叶、畜牧为主导产业的四个星火产业带。该中心建立班子成员和园区企业"一对一"联系制度，每位班子成员至少联系一家企业，每月都要到联系的企业至少走访一次，每半年汇报总结一次。

（7）陶瓷工程中心、科研单位、陶瓷企业共同承担各类科研项目并取得多项科研成果。在取得小试成果的基础上，申报国家和省产业化项目。这些项目都有利地支持了陶瓷园区的发展，促进了科技成果的产业化，同时对景德镇市的高校和科研院所的科研人员的科研活动产生了良好的导向作用。

重点支持陶瓷工程中心将具有重要应用前景的科研成果进行系统化、配套化和工程化研究开发和转化，为适合企业规模生产，提供成熟配套的技术工艺和技术装备，推动陶瓷行业的科技进步和新兴产业的发展。

陶瓷工程中心主动支持著名高校科研人员在景德镇陶瓷工业园的创新创业活动。例如，景德镇新纪元精密陶瓷公司是由清华大学博士生导师以高科技成果与景德镇企业合作创办的企业。2005年，该中心帮助其申报国家中小企业创新基金的陶瓷项目成功；省科技厅在项目配套经费支持后，2006年，又作为科技厅的重大项目，给予其50万元的资金支持；2007年，该企业申报的项目，列入省高新重大产业化扶持项目，加速该企业的发展。

3. 招引科技项目入园

招引科技项目入园，是科技招商流动，是对园区内现有的高新技术项目、重大科技成果加以收集整理，构建高新技术项目库和科技成果库，然后有针对性地开展科技招商活动，为园区引进科技含量高的新项目。以下举例说明部分市、县（区）的具体做法。

（1）樟树市生产力促进中心积极组织"千名科技人员入园入企"活动，活动中促成科技入园入企合同、申报科技人员入园入企专项的签订。

（2）南昌市生产力促进中心协助科技局举办宁波-南昌市科技合作洽谈暨成果推介会，经过前期反复与宁波市生产力促进中心、南昌大学、南昌航空大学、华东交通大学等单位的沟通与协调，促成此次洽谈会完成科技合作项目的正式签约。该中心组织参展"2009年江西省与南昌市科技活动周""全省千名科技人员入园入企行动"活动，制作宣传展板，在现场组织开展展示和科技咨询活动，发送宣传画册和服务手册，在江西电视台、南昌电视台进行宣传报道。

（3）抚州市赣东区生产力促进中心以"2院3校17所"为重点，积极组织企业参加江西省省政府组织的香港招商活动，大力加强与上海市、江苏省的科技合作。

（4）资溪县面包生产力促进中心顺利承办"2009年江西省月饼原料展示会"，展示会展示多种月饼原料，这些月饼原料来自全国各地，内容涉及包装、馅料、面粉、新技术、新材料、新工艺等领域。

（5）南丰县蜜橘生产力促进中心积极组织企业参加国内外水果展销会、香港国际水果展、海峡两岸（泉州）农产品采购订货会、上海农产品展销会、中国进出口商品交易会（即广州交易会，简称广交会）等国内外展会，从而进一步加强该县企业与国内外市场的联络。

（6）乐平市生产力促进中心对全市科技资源进行普查，及时发现亮点，做好项目的储备工作。通过招商引资落户境内的科技企业，对其跟踪服务，牵线搭桥。

4. 组织科技论证

组织科技论证，主要是组织符合条件的企业申请科技企业资格论证，同时也组织其他方面的科技成果论证。目的是提高企业素质，帮助企业成长为高新技术企业、民营科技企业。以下举例说明部分市、县（区）的具体做法。

（1）井冈山市生产力促进中心组织相关部门申报科技成果鉴定，组织申报"西南高山杜鹃原生种引种驯化试验研究""大鲵仿生态繁殖技术研究"两项科技课题研究成果参加吉安市科技成果鉴定。其中，"大鲵仿生态繁殖技术研究"课题已顺利通过成果鉴定，该项技术已达到国内同等先进水平，并获得吉安市科技进步二等奖，打破井冈山市近10年来无成果鉴定与科技进步奖的状况。

（2）新余市渝水区生产力促进中心主动到企业调研，指导企业申报新产品鉴定，从鉴定材料、程序和组织专家鉴定会等方面提供全方位服务。帮助恒达炉料有限公司免烘烤铝质长水口和板坯用铝质浸入式快换水口两个产品通过了省级重点新产品鉴定。

（3）南昌县生产力促进中心为该县企业申报省、市、县（区）各级科技项目及高新技术企业（产品）认定、成果鉴定等提供了咨询服务指导。

（4）上高县生产力促进中心深入园区企业调研和筛选，帮助园区企业申报争取国家、省、市各类科技计划项目，促进企业技术进步，提升企业的科技含量和经济效益。为使园区企业争取到的科技项目实施达到预期效益，该中心努力做好科技项目实施过程中的跟踪服务工作，及时帮助企业进行科技成果鉴定和项目验收。

（5）南丰县蜜橘生产力促进中心聘请GAP认证的专家开展讲座和基地认证活动，组织蜜橘出口企业蜜橘基地开展《中国良好农业操作规范》和《全球良好农业操作规范》认证。通过认证的南丰蜜橘，产地销售价格比未通过认证的要高。该中心与蜜橘生产企业建立合作关系，建立了绿色视频标准化生产示范基地，推广现代化农业标准化生产技术。

（四）科技人才入园

科技人才入园是江西省实施科技入园工程的核心环节，包括吸纳科技人才和组织科技培训两大方面。

1. 吸纳科技人才

吸纳科技人才是要引导大批优秀科技人才向工业园区集中，同时建立健全技术等要素参与受益分配的激励机制，鼓励企业推行骨干技术人员年薪制，支持企业对关键技术骨干实施期权激励政策，提倡以科技成果作价投资、折算股份或按出资比例等形式进行科技成果转化，重奖有突出贡献的科技人员，通过一系列的优惠政策吸引更多的科技创新人才到工业园区创业。以下举例说明部分市县的具体做法。

（1）德兴市生产力促进中心认真实施"百千万人才工程""领军人才建设工程"、学术学科带头人计划，在稳定园区企业现有科技队伍的同时，采取多种形式，引进外地优秀人才和积极培养本地人才，努力形成一支高素质的技术创新带头人队伍和创新团队。该中心制定了园区科技人才兼职办法，鼓励和规范创新人才在高等院校、科研机构和企业间交叉兼职。

（2）萍乡市工业陶瓷生产力促进中心建立了"工业陶瓷行业人才超市"，通过聚集优秀人才，有针对性地为企业开展各种咨询和技术服务，许多企业通过人才超市这个平台解决了生产中的实际问题。

（3）铜鼓县生产力促进中心对全县科技专业人才进行了全面登记，分类管理。

（4）德兴市科技局制定了园区科技人才兼职办法，鼓励和规范创新人才在高等院校、科研机构和企业间交叉兼职。争取引起市政府重视，设立人才发展专项基金对表现优秀的科技人才给予专项奖励。

（5）于都县民营科技园支持民营企业培养和吸纳各类人才、不限学历、不限生源，实行年薪制、技术津贴、技术承包、项目经费包干、一次性奖励、利润分享及技术入股等多元分配形式。例如，于都县博德环保节能厨具开发有限公司，该公司股东之一以专利入股。支持多职多薪，鼓励专业技术人才充分发挥潜能，在不侵害本单位知识产权和经济利益的前提下可跨单位兼职；在税收政策上鼓励企业积极从事技术开发和技术成果转化。

2. 组织科技培训

生产力促进中心组织科技培训，以培养科技人才，并组织专家到企业进行专门培训，让企业了解当代科技发展方向，学习最新科技成果，掌握项目对接方法、熟悉项目申报要求等。以下举例说明部分市县的具体做法。

（1）机械行业生产力促进中心通过各种方式为企业人员进行了标准化基础知识培训，与国家质量技术监督局培训中心联系开办发证培训班，颁发初、中、高级三种资格证书。该中心曾被有关单位表彰为"优秀标准化函授培训班"，有关人员被评为"优秀标准化函授教务员"。

（2）南昌县生产力促进中心协助县科技局与市知识产权局在小蓝经济开发区联合举办"知识产权及科技创新"培训班。传授专利基础知识、国家知识产权战略纲要、企业专利战略研究等知识。协助县科技局在小蓝经济开发区举行中小企业创新基金项目申报专题培训讲座。

（3）井冈山市生产力促进中心利用井冈山市电脑农业网和科技扶贫远程培训网络，以及聘请专家为中小企业和农户提供生猪养殖、花卉栽培、葡萄种植、企业发展战略、市场营销策略等各类培训、技术咨询、信息采集、提供信息、技术推广等服务。

（4）井冈山市生产力促进中心在科技示范村开展了科技活动周活动，邀请了华北电力大学团委开展生态节能科技培训，向科技示范园和科技示范村捐赠了太阳能 LED 照明路灯、数字电影播放器、图书等。

（5）景德镇市生产力促进中心承办"景德镇陶瓷科技城建设专题研讨班"，极大地促进了该市高新技术企业、高技术陶瓷相关企业、科研院所、科技园区、市政府相关管理部门对国家科技创新政策的理解和科技创新意识的提高。

（6）鹰潭市生产力促进中心根据科技培训工作的需要，定期或不定期举办各类培训班和科技讲座，以提高园区企业技术和经营管理人员的素质。其中，该中心把园区企业从事科技管理的人员作为培训的重点，通过培训，让他们了解科技项目申报程序及材料撰写知识，帮助、引导他们积极申报科技项目。

（7）赣县生产力促进中心实施"百、千、万"科技培训工程（即五年内在全县培养 100 名农业星火科技带头人、1000 户科技示范户、10 000 名农民技术员），积极创新培训方式，推出"专家＋示范户＋贫困农户""龙头企业＋推广部门＋农户""农民点菜、专家下厨"等新型培训模式，实现专家与农民进行"零距离"技术指导。

（8）吉安市生产力促进中心建立了一个较为完整的培训网络。在吉安市科技情报所设立 CAD 技术培训中心；吉安高等职业技术学院设立 CAD 等级考试中心和 CAD 培训班；新建一个科技培训中心，拥有一个近 200 平方米的现代信息化装备的多媒体教室，配有主控台、60 台终端、投影仪及相关设备，并组织一支资深制造业信息化专家讲授队伍，可承担各种层次的信息化技术培训工作。

（9）上栗县建立了花炮专家库，把各位专家有关情况登记造册，向花炮企业公布，花炮企业在生产中遇到问题可直接或通过网站向专家咨询，也可登门拜访专家，解决生产实际问题。在花炮专家库的建立过程中，分别与高校、科研机构和企业进行了协作，并聘请了相关专家。在服务方式上，采取咨询服务、组团服务、定向服务和花炮科技培训。

　　上栗县生产力促进中心建立了花炮职业技术培训学校，聘请县内外的专家任教，采取"走出去、请进来"的方法进行培训。由于每年的七八月气温偏高，花炮企业处于高温停产期间，期间把职工请进来培训，生产期间专家走出去，根据不同生产企业来培训职工。该中心采取长期培训与短期培训相结合，培训与扩大劳务输出相结合的方式，开展针对性培训，走先培训、后输出，以培训促输出、定向培训、定向输出的道路。采取培训与发展县域主导产业相结合，开展专业技术培训。

　　（10）针对不同层次的需求，资溪县面包生产力促进中心开办技术培训班，增设市场需求的西点、烧烤、塑胶、市场营销、饼店管理等培训内容，不断提高学员技术水平和管理能力；不断引进新产品、新技术，提升了培训技术水平。聘请国内烘焙专家为学员授课，提高学员对国内外新技术、新产品、新工艺的学习，形成有针对性的教学。面包户遍布全国各地，回来参加培训比较困难，对新产品、新技术接受时间长，不能充分发挥资溪县面包军团的技术和产品优势。因此，资溪县面包生产力促进中心通过网络开展远程教育，全年更新网络教育资料库，将新技术、新产品通过网络，及时向广大面包户传递。

　　（11）修水县生产力促进中心围绕主导产业，特色产业的热点、难点问题，开展多种方式的实用技术培训、管理培训和师资培训，并提供科技信息服务。该中心还编印了《蚕桑高产栽培技术》《修水县蚕桑技术规程》《修水农业实用技术》等技术教材，摄制蚕桑技术光盘，举办蚕桑专业培训班，建立修水蚕桑技术网站。依托修水县职业中专筹建修水县星火学校，培训农村星火带头人。

　　（12）鹰潭市生产力促进中心联合全市铜企业成立了鹰潭市铜产业科技创新研究会，从而加强园区铜企业之间的合作与交流，并同时开展了中小企业创新基金及专利申请培训等工作。

（五）科技服务入园

　　科技服务入园是江西省实施科技入园工程的重点，除以上四个方面的服务外，这里主要是指咨询服务、中介服务、金融服务、科技创新服务等。

　　1. 咨询服务

　　咨询服务，是指生产力促进中心在收集各类信息的基础上，为园区内企业提供相应有效的信息，包括管理咨询服务、技术咨询服务等、专家咨询服务等。

　　（1）修水县生产力促进中心聘请修水县有关部门、单位、学科部分科技人员及业务骨干，组成科技经济决策咨询委员会。该委员会主要工作包括论证科技项目、提出咨询意见、为政府科学决策提供参考依据等。该委员会在论证过程中对一些项目的安全性和破坏性提出防患和整改措施，有效地解决了项目实施过程中的安全问题及其对周边环境和居民的影响，确保重点项目没有重大失误。

（2）桑海经济技术开发区生产力促进中心对全区有发展前景的企业进行全面摸底，对企业生产的主导产品、新产品、在研产品，以及企业对人才、项目及产品销售的需求等信息进行详细登记并编制成册，随时为企业提供最佳服务。

（3）景德镇市生产力促进中心积极加强与高校合作，引进新技术成果信息，主动联系高校及科研机构和省内外部分专家建立起长期合作关系，搭建景德镇市技术创新合作平台；与服务机构横向联合，共同建设科技服务综合平台；与各县（区）科技局开展服务对接，为县（区）企业提供专利、项目咨询等服务。

（4）江西省机械行业生产力促进中心为江西省中小企业提供了多种咨询服务，包括管理咨询、技术咨询、其他信息等咨询。聘请专家，通过电话和网络等通信工具的方式为企业提供各类咨询服务，以推广高新技术的应用。

（5）江西省机械行业生产力促进中心与科研机构联系，聘请专业技术人员为客座专家，结合中心自身人员优势，为多家企业提供技术支持服务。为了使该中心的技术服务更有针对性、延续性，中心尝试与企业签订长年技术服务协议。

2. 中介服务

中介服务，具体是指生产力促进中心主动与高等院校、科研院校所进行联系，引导园区企业与其加强科技合作与交流。以下举例说明部分市县的具体做法。

（1）南昌市生产力促进中心与南昌大学、南昌航空大学进行合作，开发政府管理界面。同时，开发了一系列政府业务功能模块，包括自定义项目申报流程、自定义材料递交流程、委托工作流程等，形成了政府办公界面的大体框架。

（2）南昌县生产力促进中心加强与小蓝经济开发区经济开发局的工作对接，协商设立中心办公点，深入园区企业调研，宣讲省市有关政策，了解企业对科技人员和技术创新的需求，组织高等院校和科研院所共同完成合作项目的申报材料。

（3）鹰潭市生产力促进中心积极构建"企业-高校-政府"一体化官产学合作关系，制定了《鹰潭市产学研合作工作方案》及《鹰潭市铜产业产学研合作工作方案》。这些合作方案将基地建设作为主战场，同时注重高科技项目的研发和高水平人才的培育。

（4）抚州市药业生产力促进中心支持企业技术创新和新产品的开发，参与科技项目论证和申报、科技成果鉴定、专利申报等工作。该中心还引导制药企业对外科技合作，分别与江西省药物研究所、安徽省药物研究所进行项目对接，签订合作开发协议。

抚州市药业生产力促进中心深入抚州市各制药企业开展调研工作，收集、了解企业开展技术创新过程中的人才和技术需要，以及存在的困难等各方面的信息，建立了科技项目储备库、专家人才库、信息数据库。

抚州市药业生产力促进中心搭建企业、科研院所、社会中介服务机构间的交流平台，以宣传国家相关生产力促进中心的法律法规、方针政策。该中心主动联系科研机构建立产学研的合作关系，聘请专家做技术顾问；指导制药企业科技项目申报，提高企业运用信息化技术的水平，使制药行业资源共享。

抚州市药业生产力促进中心与江西省中医药高等专科学校、东华理工大学建立长期的学研合作关系，接受学校医药相关专业应届毕业生的综合实习和专题实习带教任务。

3. 金融服务

金融服务，是指生产力促进中心作为园区内企业的金融中介，以解决企业科技进步中的资金供给的问题，服务内容主要包括融资服务、信誉担保、整合资金等。

（1）修水县生产力促进中心于2004年12月成立了江西省首家民资控股的融资信用担保企业——修水县赣宁中小企业信用担保有限公司。该公司由政府启动、民资控股，实行公司化管理和市场化运作，为在修水县登记注册或纳税的中小企业提供信贷担保、信誉担保等方面的服务。

（2）抚州市南城县食品生产力促进中心提出创新科技融资方式，设立科技中小企业信用合作社，整合一部分企业现有闲散资金，解决另一部分企业融资难，采用"中心＋银行＋企业"的运作模式，探索出科技入园服务的又一种新模式。

信用合作社根据科技企业融资需求，通过资源配置、金融创新，为科技型企业的技术引进、技术研发、新产品试验与推广等科技创新有关的业务提供贷款，建立适应科技型企业成长的科技信贷扶持机制。信用合作社按照商业化运作，探索完善服务科技型企业的"专业银行"经营模式。

4. 科技创新服务

科技创新包括带动产品设计方法和工艺创新、企业管理模式创新、企业间合作关系创新等。以下举例说明部分市县的具体做法。

（1）江西省机械行业生产力促进中心通过市场分析，结合企业具体情况，建议企业开发新产品。若新产品的研发遇到困难，该中心将组织人员为企业检索国内外专利、标准资料、科技文献、专业手册，并聘请专家指导，以解决企业难题。

（2）赣县科技局和生产力促进中心联合开展了"1＋1"科技创新园区行活动。活动是以一名党员干部联系一家重点科技型企业的创新形式开展进行的。

（3）修水县生产力促进中心组织企业和事业单位与高等院校、科研院所建立项目合作关系，成立课题组，进行项目研究攻关；建立科研教学试验基地；帮助企业进行项目调研、编制可行性报告、申报项目，为企业科技创新提供中介服务。该中心与清华大学、中国科学院物理研究所、中国农业科学院蚕业研究所、华中科技大学、南昌大学、江西农业大学、江西中医学院、中德法学研究所、景德镇陶瓷学院等院校和科研院所建立了长期的协作关系，组织企业参加科技对接周活动。

（4）景德镇市陶瓷产品设计研究中心利用景德镇陶瓷学院和国家日用及建筑陶瓷工程技术研究中心在行业中的影响和地位，开展陶瓷设计行业学术交流和研讨活动，通过举办各种层次的大奖赛，活跃学术气氛，发现和培养新人，不断推出新设计的陶瓷产品。

（5）为激发景德镇市陶瓷设计人员的创作热情，景德镇市生产力促进中心鼓励具有新时代审美观念、满足当代需求的陶瓷日用产品的创新设计，提升景德镇市日用陶瓷在市场上的竞争力，为此景德镇市生产力促进中心多年来多次举办陶瓷产品设计比赛。例如，"景德镇日用陶瓷产品创新设计大赛""全国青花及青花玲珑日用陶瓷设计大赛""创新餐具设计大赛"等。比赛设有金奖、银奖、铜奖和优秀奖，每个奖项对应设有不同数额的奖金，所有获奖者均由景德镇市政府、中国景德镇国际陶瓷博览会执委会联合颁发获奖证书，可作为职称评定和晋升的条件。若获奖作品被企业采用、产业化，由受益厂家按国际惯例给予设计者该产品销售额1‰～5‰的报酬。

为确保比赛顺利进行，景德镇市生产力促进中心在陶瓷设计大奖赛前期要做好宣传工作，在报刊就参赛情况做系列专题报道，或在电视台栏目做有关赛事的专题节目。除宣传外，该中心利用各种方式鼓动各企业参加大奖赛，以丰富参赛产品的数量、种类和质量。此外，做好有关企业的赞助工作。例如，"景德镇日用陶瓷产品创新设计大赛"不仅得到市财政局拿出的专款，还得到景德镇陶瓷股份有限公司冠名赞助。最后，成立专家评审委员会，并制定作品的评审方案。评审委员会一般由资深的陶瓷美术专业教授、工艺美术大师、知名陶瓷企业负责人、陶瓷设计专家组成。

（6）资溪县面包生产力促进中心组织技术力量对资溪面包所特有的技术如

资溪小参保、资溪果蔬面包等进行了总结和提升，提炼出统一的生产工艺技术标准。对经过长期实践和创新所形成的一整套资溪面包独创工艺和裱花首发进行了总结提高，编辑《蛋糕艺术裱花》《烘焙教材》等技术手册，录制《烘焙制作》《裱花技术》等技术光盘，使技术培训、技术推广更加科学化、标准化。

资溪县面包人分布在全国各地，且各广大面包户长期在外经营，资溪县面包生产力促进中心采用全国各地举行展示会、演示会、推介会的形式，开展科技技术讲座，进行新技术、新产品、新工艺技能的培训，增强资溪县面包户的市场竞争力。

在外经营的面包户在清明、中秋、春节等节日会集中回乡，举办"安琪酵母全国烘焙大赛江西分赛区比赛""资溪面包-安琪酵母技术交流会"等科技交流活动。参展作品主要有甜面包、咸面包、法式面包、艺术面包、蔬菜面包、西式糕点、慕司、生日蛋糕等产品。

资溪县面包生产力促进中心与安琪酵母股份有限公司合作，联合开发烘焙新产品；与苏州市王森艺术西点蛋糕学校及广州市黎国雄蛋糕烘焙学校等开展技术合作，推出新式裱花品种。该中心派出技术骨干到上海、广州、南京等地进行技术交流，去我国台湾、日本学习考察。

资溪县面包生产力促进中心还引进氨基酸复合盐面包改良剂、液种法面包生产工艺、鲜酵母应用技术等技术及生产工艺，并在各工作站开展技术宣传与推广。在技术推广过程中，液种法面包生产工艺因具有大批量液种生产并进行低温长时间保存，将核心配方原料加在液种面团中可以进行配方保密，面包的品质得到了较大的改善，并延缓了面包的老化等。

二、科技入园的基本工作模式和主要成绩

（一）科技入园的基本工作模式

生产力促进中心是进入园区的主要科技服务机构，中心与有关服务对象、要素相结合，形成了不同的科技服务工作模式。

（1）"中心＋企业＋平台"模式。该类模式主要是推广应用高新技术，结合企业自身特点，建立科技创新平台，为园区企业技术创新提供技术服务支撑。例如，江西省中药生产力促进中心依托药都樟树中药企业优势，搭建了江西省

中药产业集成和企业创新信息化服务平台，为促进江西省中药产业发展提供了全方位科技服务。

（2）"中心＋孵化器＋平台"模式。该模式主要是通过发挥科技企业孵化器和公共服务平台的功能，为园区企业技术创新提供全程跟踪式服务，从而提升园区企业自主创新力和市场竞争力，是江西省区域经济创新发展的重要支撑。例如，南昌大学生产力促进中心通过整合大学、政府和社会资源，建立了由投资融资、技术支持、技术转移、中介服务、网络信息、人才培训、商务服务、行政事务和政策咨询九大服务平台和食品、机电、化学、材料、稀土、信息、生物制药七个专业技术服务平台。

（3）"中心＋企业"模式。该模式主要是通过为企业搭建服务平台，帮助园区企业与高等院校、科研机构建立合作关系，组织技术专家指导企业进行生产。例如，上栗县花炮生产力促进中心建立了上栗县国际烟花鞭炮网、花炮专家库和科技培训基地，通过成立上栗县花炮研究所与高等院校、科研机构相关专家合作，采取联合开发、技术咨询、定向服务和技术培训等多种服务形式，提高了上栗县花炮企业科技创新能力，使上栗县花炮产业由手工制造逐步走上了机械自动化的发展道路。

（4）"中心＋产业"模式。该模式主要是通过建立科技信息服务平台并打造一条产学研创新链条，推广新技术、新产品和新工艺。例如，萍乡市工业陶瓷生产力促进中心以服务园区产业集群为重点，牵头组织园区企业和相关部门，与全国84所科研院校建立了长期合作关系，13所科研院校在萍乡市陶瓷产业基地建立了教学实践基地，使产学研有机结合起来。

（5）"中心＋行业"模式。该模式主要是通过组织并整合社会各方科技资源，为行业提供企业诊断、信息和管理咨询、技术推广、人才引进、技术培训等方面的服务。例如，江西省机械行业生产力促进中心通过利用江西机械信息网构建的国家标准网络服务系统、江西省机械行业企业库、江西省机械产品数据库、专利数据库、专家数据库等，为全省机械行业企业提供全方位、多元化的服务。

（二）科技入园的主要成绩

江西省主要的科技服务机构为生产力促进中心，生产力促进中心具有咨询服务、技术服务、中介服务、项目引进、企业孵化、人员培训等服务项目，江西省同时也有少数专业生产力促进中心，为地方特色产业提供专业性服务，因此生产力促进中心在科技服务机构中具有很强的代表性。生产力促进中心的数量由科技入园工程开展之前2007年的30家增长到2010年的116家。国家级示范生产力促进中心由 2007 年的 1 家增长为 2010 年的 6 家。科技服务工作人员由科技入园工程开展之前的 560 人增加为现在的 1567 人。科技创新服务总资产由 2007 年的 23 910 万元增长为 2010 年的 34 060 万元。政府和非政府对科技服务体系的投入也由 2007 年的 2061 万元增长为 2010 年的 9153 万元，其中非政府投入实现了较大的增长，2007 年非政府投入为 560 万元，2010 年为 5262 万元，实现了质的飞跃。科技服务体系总体发展概况如上，体系的壮大结果是科技服务成果丰硕，咨询服务、技术服务、培训服务、中介服务等科技服务业绩增长喜人。

以 2007 年为基数，2010 年机构数量增长为原来的 387%，工作人员增长为原来的 280%，总资产增长为原来的 142%，投入规模增长为原来的 444%（图 4-1）。

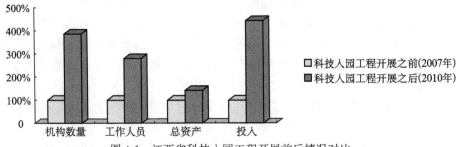

图 4-1 江西省科技入园工程开展前后情况对比

江西省科技入园工程项目对科技创新和科技成果转化所带来的成效和促进作用十分明显。2005～2010 年，江西省申报的科技成果一共有 1653 项，增长最快的是 2009 年和 2010 年，为科技入园工程项目实施以后。其中，2010 年一年申报并且登记的科技成果就有 588 项，创下了江西省历史上最高纪录。这一时期比上一个五年科技成果项数同比增长了 109.77%，如图 4-2 所示。

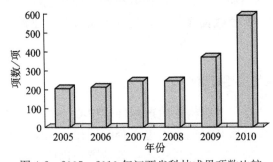

图 4-2 2005～2010 年江西省科技成果项数比较

其中，登记的科技成果企业所占比重最高，为 31.28%；其次是医疗机构为

31.21%，高校为 16.09%，科研机构为 14.16%；其他为 7.26%。这说明企业正在成为科技创新的主力军，科技入园工程项目在企业范围内也取得了显著的效果，如图 4-3 所示。

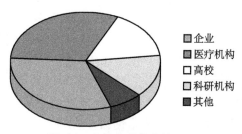

图 4-3　各单位科技成果比重

　　江西省自科技入园工程项目开展以来，省内 11 个市发展速度不一，发展状况参差不齐。其中，科技入园工程实施效果显著、水平提升较快的城市有宜春、萍乡、赣州和抚州。发展较为缓慢的有景德镇、鹰潭、新余。

　　宜春市是最早实行科技入园工程项目的城市，取得了国家级创新型试点企业和全省设区市唯一的一家国家级示范生产力促进中心。宜春市依靠仁和集团获得了国家重大科技专项，科技入园工程项目的经费翻了一番，2010 年实现工业园区科技项目 115 项，创新型企业确定为 100 家，包括 16 家省级创新型企业和 21 家高新技术企业。宜春市政府为推进科技入园工程，推出科技创新"六个一"和"突出科技创新三重点"两大特色科技服务政策。萍乡市建立了协同机制、检查监督机制，将科技入园工作汇编进年度总结，科技局将科技入园的具体任务进行分解协同运作，并对重点项目择优扶持，主抓科技创新服务机构建设，组建了 20 家研发机构和一批技术转移服务机构，并组合服务资源创建了科技服务信息网络。景德镇市生产力促进中心只有 3 家，争取的省财政资金扶持不到 70 万元。鹰潭市还未全面有效地开展科技入园工程，未真正有效地建立科技互动机制，相关部门与工业园区企业合作程度不够，科技入园意识有待进一步增强。

三、江西省科技入园的经验概括

　　江西省科技入园工程是一个不断发展和创新的过程，可以从多方面概括。在此做一个初步的概括。

（一）科技入园的本质特征是注重科技服务的系统性

在区域创新体系等相关理论的指导下，以提升区域创新体系效率的理念为指导，建设科技入园系统工程，从科技机构入园、科技政策入园、科技项目入园、科技服务入园、科技人才入园等五个方面来开展科技入园工作。

科技入园的五个方面紧密结合，相互作用，缺一不可，只有五个方面同时开展，相互配合才能形成合力，提升区域创新系统的效率。以科技机构入园实现区域创新载体的多样化；以科技项目入园推动区域创新体系的持续有效发展；以科技政策入园作为提升区域创新体系创新动力的基本保障；以科技服务入园营造区域创新体系的经济社会环境；以科技人才入园吸引、激励区域创新体系的微观主体。科技入园的五个方面紧密结合、形成合力，提升了区域创新体系的效率。

（二）科技入园的核心是注重用科技项目引领

科技项目入园是科技入园工作的核心抓手，是科技服务的核心内容。各级科技服务部门充分发挥自身专业技术优势，开展多形式的项目入园的技术支撑服务工作，如重大项目论证、项目争取、组织科技项目攻关、软科学课题的研发等。首先，科技项目要找准项目。在引进项目入园时，充分考虑当地的经济发展状况和特色产业，结合该工业园区的具体情况，有针对性地引进能有效提高企业自主创新能力和提升本地特色产业技术创新能力的项目。其次，要多渠道引进项目。一是要安排本级项目入园。市、县两级科技经费侧重向工业园区倾斜，利用有限的科技投入最大限度地调动企业技术创新热情，引导企业走创新发展之路。二是争取上级项目入园。引导和帮助企业申报国家创新基金、国家科技支撑计划、国家重点新产品计划等。三是招引科技项目进园。对园区内现有的高新技术项目和重大科技成果进行收集整理，建立高新技术项目库和科技成果库，做到有针对性地开展科技招商活动。再次，要搭建项目入园的桥梁。引导校企与院企合作，与高校、科研院所进行联系，引导园区企业与其加强科技合作与交流，引进项目入园。最后，要确保项目的实施。项目入园以后，必须对项目实施进行有效监督，增强项目的根植性，使项目能够在园区落地生根，起到带动效应，从整体上提升工业园区的技术水平。项目入园将带动资金入园，人才入园，管理入园；还将带动各类围绕项目实现的服务入园，能够有力地带动园区企业的创新能力和水平的提高。

（三）科技服务的组织基础是发挥生产力促进中心的作用

组织机构是科技入园各项服务的载体和推手，落实科技机构入园是各项服务工作的组织前提，是科技入园的主要组织形式。科技入园采用的最主要的组织形式是生产力促进中心。生产力促进中心工作的顺利开展要有以下几个方面的条件。①成立科技入园的工作机构。工作机构的成立要得到各级政府的支持，解决生产力促进中心的编制、人员和经费问题。②要强化生产力促进中心的管理。生产力促进中心必须要成立相对完善的组织架构，有效实现中心资源的合理配置。③生产力促进中心的运作要引入市场机制。中心要与园区企业密切合作，建立利益共同体，这样才能更有效地提升园区的科技创新能力和核心区的辐射带动能力。④保证运转经费。生产力促进中心的运转经费是入园机构持续发展的保证，可采用政府投入和收取适当的服务费用相结合的做法。

（四）科技入园的关键是要建立长效服务机制

做好科技服务工作的关键是建立长效机制，其中包括人才激励的长效机制、资金支持的长效机制、政策扶持的长效机制等。人才激励的长效机制是科技服务的内在驱动力；资金支持的长效机制是科技服务的外部推动力；政策扶持的长效机制是科技服务的发展环境保障。江西省建立健全了多项激励机制，引导大批优秀科技人才向工业园区集中，同时鼓励企业推行骨干技术人员年薪制，支持企业对关键技术骨干实施期权激励政策，提倡以科技成果作价投资、折算股份或按出资比例等形式进行科技成果转化，重奖有突出贡献的科技人员，通过一系列的优惠政策吸引更多的科技创新人才到工业园区创业。开通了知识产权质押融资受理平台，建立民资控股的融资信用担保企业，积极探索筹建科技银行。这些举措都很好地解决了科技服务的融资问题。做好科技政策的宣传工作，使园区企业能够及时了解科技政策。同时，引导企业申请成果鉴定或申报专利，主动帮助企业争取省级和国家科技计划项目及政策，帮助符合条件的企业申报高新技术企业、科技新产品或认定民营科技企业。通过宣传科技政策帮助企业争取科技政策，督促园区落实科技政策，制定地方性科技政策，使园区企业得到实实在在的利益。

（五）科技入园的内容和方式要与时俱进

自 2002 年以来，江西省实行"工业向园区集中"及承接沿海产业梯度转移战略，建设了大量以制造业、加工业为主的工业园区。全省园区中有为数众多的中小企业，科技人员数量偏少且素质偏低，自主创新能力不强，很大程度上制约着园区企业的内涵式发展，成为园区工业经济实现后发优势及跨越发展的瓶颈所在。科技含量低、附加值低、高能耗的粗放型企业必将遭淘汰，产业结构优化升级面临新的机遇。江西省认识到这些新的时代特点，于 2008 年率先提出了科技入园的工业园区科技进步模式。科技入园推动与科技成果转化和科技创新相关的各项服务进入到工业园、开发区、孵化园、企业，通过针对性服务促成企业技术改造、增资扩产，实现园区经济增长方式的改变和经济结构的调整，以获得长远发展。在大力推进科技入园工程中，紧扣时代脉搏，坚持围绕江西省重要产业，抓住重点，以点带面，开创科技入园新局面。随着企业经济发展水平的提高，其发展的目标不同、遇到的问题和要解决的矛盾不同，科技服务的内容和形式都将是变化的。科技入园的生命力，正在于其与时俱进、不断创新，具有持续丰富和发展的必要性及可能性。

（六）科技入园与基层科技工作创新相结合

各基层科技单位高度重视基层科技工作对于科技入园的推进作用，以基层工作为抓手推进科技入园的纵深化发展。党政领导亲力亲为，强力推动。主动向各级主要领导和分管领导汇报工作进展。各级领导也高度重视，亲自研究、部署和指导科技创新工作，而且进高校、入企业、赴沿海，为企业找项目，为项目找技术、找人才，为成果转化找资金，竭力帮助解决科技创新工作存在的困难和问题。建立一级抓一级的协同机制，形成了推进科技入园的工作合力。上级部门负责抓下一级对口部门，层层落实，把科技入园作为基层科技工作的核心内容，上下协同，集中财力、物力和人力，调动各方面力量和积极性，大力推进科技机构、科技人才、科技项目、科技资金入园入企。在基层科技工作全面开展的形式下，科技入园工程进一步解放思想，创新工作思路，树立工业园区是科技工作主战场的理念。转变工作作风，把科技入园作为自身的自觉行动，变"等企业上门"为"送科技上门"；变"单一服务"为"全方位服务"。着力推进科技机构、政策、项目、高新技术、人才和服务入园，努力促使各种创新要素向工业园区集聚，提升园区创新能力，帮助园区实现二次创业。在基层科技工作创新的推动下，科技入园成为基层科技工作的核心内容和基层科技工作创新的重要形式。基层科技工作使科技入园落到实处，加强了科技入园的针对性，从而提升了科技入园的效率。随着基层科技工作的开展，科技入园在理念、模式、机制及工作流程等方面不断创新，取得了很好的效果，不断地向纵深化发展。

（七）科技入园的本质是提高科技企业的创新能力

从国内外工业园产生和发展的历史来看，工业园区具有产业集群和孵化创新型企业的作用，科技入园一是要创造和培育创新主体；二是要推动企业有效实现技术创新。因此，科技服务工作必须以提高企业的自主创新能力为目的。科技入园一方面组织相关高校、重点企业、知识产权、科技金融等单位进入到园区、企业；另一方面充分利用科技资源和服务手段为园区企业服务，帮助园区企业主动调整发展战略，加快技术创新和产品升级，提升企业创新能力。检验科技入园成效的一个重要标准就是企业创新成果的增加。

（八）科技入园要与提高科技成果转化率相结合

江西省各种类型的企业数量虽然众多，但大多数企业受到资金、人才、技术等条件的制约，很难成为研究投入的主体、技术活动的主体。所以，科技服务工作一方面以企业为主体，促进产学研相结合；另一方面通过科技入园的载体和方式，完善、健全企业创新体系，帮助企业建立研发中心、工程中心，提高企业对科技的认识能力、应用能力和研发能力，使企业创新体系建设落地生根。不仅提高企业科技创新能力，而且提高科技成果的消化吸收能力，从而推动科技成果转化。科技入园与提高科技成果转化率相结合，科技服务工作才能真正落到实处。

四、几个典型生产力促进中心科技
服务工作写实

生产力促进中心是一种非营利性的科技服务实体，是科技入园的主要工作机构和组织手段，通过生产力促进中心把科技力量（技术、成果、人才、信息、项目）引入园区企业，转化为现实生产力。生产力促进中心的体制机制完善状况和工作效率，直接影响科技为园区服务的规模、水平和有效性。近些年来，江西省在科技入园工程推进过程中，建立和完善了省、市、县（区）不同层级的及不同行业部门的生产力促进中心。这些机构对江西省科技服务工作做出了重要贡献。它们各具特色的工作过程和经验，对于研究科技服务工作的深化和生产力促进中心的完善具有实践性和理论性的价值。我们选择了几个行业性和综合性的生产力促进中心提供的写实性的工作和经验放在这里，供读者和研究者更好地了解科技入园工程的实际运行情况①。

（一）江西省生产力促进中心多措并举助推科技入园工作

1. 积极服务科技创新"六个一"工程

江西省生产力促进中心紧紧围绕科技创新"六个一"工程目标任务，利用自身网络信息资源优势，扎实工作，重点通过建网站、建数据库、汇编材料等举措，积极服务科技创新"六个一"工程。

一是通过建立"江西省科技创新'六个一'工程"网站，大力宣传科技创新"六个一"工程。通过网站设立的栏目信息，及时反映全省实施科技创新"六个一"工程的进展情况，宣传普及十大战略性新兴产业相关知识，以及产业规划和发展趋势，开辟了"战略性新兴产业合作推进会专栏"和"江西省科技创新'六个一'工程工作简报"等栏目，成为全省宣传科技创新"六个一"工程的窗口。

二是建立了江西省科技创新"六个一"工程专家库。该专家库下分14个类别：①产业政策战略研究与法规；②经济、金融与统计；③环境与保护；④光伏产业；⑤风能与核能；⑥新能源汽车及动力电池；⑦航空制造；⑧半导体照明；⑨金属新材料；⑩非金属新材料；⑪生物及新医药；⑫绿色食品；⑬文化及创意；⑭其他相关专业。该专家库为江西省科技创新"六个一"工程和十大战略性新兴产业的发展提供了政策研究、法律咨询、决策咨询、项目评审、专业知识普及等服务。该数据库已收集1500余条相关数据。

三是编辑《十大战略性新兴产业情报调研报告汇编》。该汇编收录了江西省内主要的行业及地方情报研究所关于江西省十大战略性新兴产业发展的研究报告，客观分析了适合其行业或地区条件的战略性新兴产业发展状况及趋势，为政府部门提供了借鉴，为企业发展提供了方向。

2. 持续推进科技入园工程

以全面推进"科技五入园"为重要抓手，有力提升了江西省企业整体创新水平，推动了江西省生产力促进中心体系快速发展，开辟了江西省基层科技工作新领域，在全国形成了具有影响力的"江西品牌"。中央领导、科技部领导及省领导对江西省科技入园工程做出重要批示，并给予充分肯定。

---

① 资料来源于相关的生产力促进中心

江西省生产力促进中心充分发挥科技与企业间的桥梁作用,按照"整合、共享、完善、提高"的原则,构建江西省生产力促进中心工作服务平台,提高了资源利用率,改善了当前各中心各自建网、建库,重复建设的格局。通过征集全省科技入园企业技术需求,构建"江西企业技术需求平台";通过收集高校科技成果,构建"高校科研院所技术供给平台";为推进江西省科技成果转化为现实生产力奠定了基础。

3. 开展科技创新公共服务

江西省生产力促进中心充分利用平台先进的信息技术手段和丰富的各类科技资源,加强科技资源的开发利用和服务宣传与推广工作,创新服务模式,拓宽服务领域,丰富服务内容。在面向政府部门提供决策支持服务,面向企业提供技术创新服务,面向高校和科研机构提供知识创新服务,面向农村提供适用技术信息服务及为外向型企业提供招商引资服务等方面,开展了一系列卓有成效的科技创新公共信息服务,取得了一批具有良好服务效果的典型案例,为提高全省自主创新能力提供了有力的科技创新公共服务支撑。据统计,近两年来,仅省级平台就累计为科技主管部门、科研院所、中小企业、"三农"等企业提供各类技术信息服务 3000 余人次,服务企业 1000 多家,开展项目咨询服务 20 001 余项次,尤其在科技翻译和查新检索服务方面取得了显著的成效。

江西省生产力促进中心为马来西亚联熹水务公司、江西省赛维 LDK 太阳能高科技有限公司、清华泰豪科技股份公司、新余市前卫化工有限公司等一大批企业提供了科技翻译服务,受到了企业的一致好评。其中,江西省生产力促进中心组织了专门的技术队伍,高效优质地为马来西亚联熹水务公司在华污水处理项目提供了全套技术资料的科技翻译服务,得到了用户的高度称赞。该项目涉及江西省小蓝工业园日处理 8000 万升废水项目和宜春市日处理 5000 万升饮用水项目,这两个项目价值共计 3850 万美元,并已在运行中,产生了显著的社会经济效益。同时,该项目涉及的江西省工业区 1.25 亿升/日废水处理厂(总共五个厂)正在可行性研究阶段,将为江西省的节能减排和民生工程做出重要贡献。

江西鄱湖云计算信息化公共服务平台系统是响应鄱阳湖生态经济区战略,转变发展方式,发展绿色低碳经济,抓住世界 IT 产业最前沿技术,打造"十二五"时期 IT 战略性新兴产业的重大举措。江西鄱湖云计算信息化公共服务平台的功能就是让用户得到的服务像在购买 IT 设施一样,按需供给。生产力促进中心组织技术骨干,为江西鄱湖云计算信息技术科技有限公司的江西鄱湖云计算信息化服务平台系统项目提供了详尽和完备的科技立项查新服务,为该项目的成功立项提供了有效的科技服务支撑。

（二）南昌大学生产力促进中心围绕科技创新服务园区中小企业

南昌大学生产力促进中心是科技部认定的第八批国家级示范生产力促进中心、首批工业设计服务试点生产力促进中心及中国生产力促进中心协会生产力学院（南昌），并通过 ISO9001：2008 质量管理体系认证，是企业与高校科研机构及政府间联系的纽带，是政府推动企业，尤其是中小企业科技创新的助手，是建立科技创新体系的重要一员。南昌大学生产力促进中心切实投身"两服务行动"、紧紧围绕科技创新"六个一"工程、积极参与"科技入园、入企"行动，整合技术、人才、设备、市场等资源，不断夯实中小企业公共服务支撑体系，通过技术支持与服务，实现资源、信息和技术的共享，有效提高了园区中小企业科技创新能力，进一步推动了江西省区域经济快速发展。

1. 整合资源、夯实服务平台

南昌大学生产力促进中心通过整合高校、政府和社会资源搭建了投资融资、技术支持、技术转移、中介服务、网络信息、人才培训、商务服务、行政事务和政策九大服务平台，组建了食品、机电、化学、材料、稀土、信息、生物制药七个专业技术服务平台。南昌大学生产力促进中心不仅依托南昌大学和社会资源，实现了各项服务工作规范化、标准化，例如，与南昌大学材料、机电、生命科学学院等单位签订了科技成果转化合作协议，并建立了互动联络员制度，利用互联网及校园无线网开展信息服务、实施项目跟踪服务，细致、有效的措施，有力保障了对园区企业各项服务工作在有效推进的基础上不断突破；而且通过长期合作的 41 家高水平研发机构，其中包括国家级、部级、省级重点工程中心和实验室，充分发挥高水平研发机构的科技、智力、市场、信息等资源优势，开展科技开发和成果转化，为园区中小企业提供了全程跟踪服务，包括信息服务、咨询服务、培训服务、招商引资、技术服务、人才和技术中介服务，以及培育科技型中小企业。

2. 强化抓手、树立服务品牌

南昌大学生产力促进中心强化行之有效的服务工作抓手，形成良好的服务条件和能力，各项科技服务已有效辐射江西省 94 家工业园区数百家中小企业。一是通过加强服务人员业务素质的培训，组建了一支高素质的服务队伍；二是建立和完善了科学的工作流程，使各项服务工作程序化、规范化；三是开展项目调研、跟踪工作，选择积极性较高的企业，有效实现了以高新技术为核心的科研成果的转化、交易；四是实现了技术服务基地与园区企业的对接、高新技术和其他科技成果与资本的对接；五是选择投资小、见效快的专利技术或其他科技成果，进行有效的技术转移和产业化；六是建立和完善了用户档案，实现了项目的全程跟踪服务，树立"昌大特色"服务品牌。

3. 突破传统、打造服务创新

南昌大学生产力促进中心为江西省 94 家工业园区中小企业提供全程跟踪服务，包括信息服务、咨询服务、培训服务、招商引资、技术服务、人才和技术中介服务，以及培育科技型企业，不仅逐步推动了中小企业核心团队从技术团队或"技术＋市场团队"向"技术＋管理＋市场团队"的转变，而且连接了国家专利技术（江西）展示交易中心和江西省技术交易市场，提供科技集成技术和信息化的培训和推广、新产品和新技术的展示交易服务。公共服务支撑体系还在传统服务模式基础上，融合了其他多元化的投融资、信息和中介服务，正在打造一条技术创新（公共服务支撑体系）—技术转移（技术交易市场）—企业孵化（国家大学科技园）—产业化（国家高新技术产业开发区），产学研紧密结合的科技创新链条，为广大园区中小企业提供全方位的科技公共服务。

4. 建设联盟、增强服务能力

为贯彻落实《国家中长期科学和技术发展规划纲要（2006—2020 年)》，以及科技部《关于推动产业技术创新战略联盟构建与发展的实施办法（试行)》的要求，在科技部的统一部署下和江西省科技厅的精心指挥下，以南昌大学生产力促进中心作为发起单位，由江西省各地、各级 67 家生产力促进中心携手共同成立了"江西省生产力促进中心联盟"。该联盟将为进一步加强全省乃至全国生产力促进中心体系建设，充分发挥科技中介服务体系的引领作用，增强生产力促进中心服务产业集群、服务园区中小企业的能力，提升生产力促进中心服务区域经济和科技事业发展的重要作用，做出新的更大的贡献。2011 年，南昌大学生产力促进中心以落户园区的江西省生产力促进中心联盟为有力推手，通过开展各项活动，加强管理和运作，实施技术创新宣传、推广、咨询和服务平台建设等服务，开辟了生产力促进中心服务全省中小企业科技创新的新通道，服务内容和对象正向全省有效辐射。

5. 精耕细作、扩大服务影响

南昌大学生产力促进中心公共服务支撑体系已在广大中小企业中建立了良好的品牌信誉，影响力日益扩大，现有资源使用效率不断提高，服务涉及江西省 94 个工业园区中小企业。2011 年，南昌大学生产力促进中心累计服务各类中小企业 352 家，其中培育科技型中小企业 105 家，推广、研发、转化的科技项目 301 项，超过 60％以上的是拥有自主知识产权的项目。同年，科技型中小企业因服务分别创造就业岗位 2895 人，新增销售收入 54 287 万元、利税 6292 万元，累计 133 家科技型中小企业培育毕业，整体技术研发水平得到迅速提升。南昌大学生产力促进中心公共服务支撑体系的建设，显著降低了中小企业产业升级的成本和风险，对于促进园区中小企业做强、做大，服务江西省区域经济创新需求，具有深远的战略意义。

6. 厚积薄发、赢得服务荣誉

南昌大学生产力促进中心由南昌大学科技园组建运行以来，在科技部、江西省科技厅、南昌大学的高度重视和大力支持下，发挥南昌大学科技、智力、市场、信息等资源优势，切实投身生产力促进中心"两服务行动"，紧紧围绕科技创新"六个一"工程，积极参与"科技入园、入企"行动，加快建立以企业为主体、市场为导向、产学研相结合的技术创新体系，培养创新创业人才，全面提升园区企业自主创新能力和产业核心竞争力，为区域经济的发展做出了积极的贡献，得到了科技部、江西省科技厅的充分肯定，在全省乃至全国产生了重要影响。2011 年，南昌大学生产力促进中心荣获全国 2010 年度生产力促进（服务贡献）奖、全省"十一五"科技入园工作先进单位及 2011 年度科技工作先进单位，龚击水同志获全省 2011 年度科技工作先进个人，其他两名同志获全省"十一五"科技入园工作先进个人称号，并受到表彰。

南昌大学生产力促进中心将深入实施《国家中长期科学和技术发展规划纲要（2006—2020 年）》，全面提升科技的服务规模和质量。南昌大学生产力促进中心将秉承合作、创新的建设理念，充分有效地整合利用各种资源，实现项目、人才、园区相结合的战略转变，增强引进、消化、吸收、再创新能力，将南昌大学生产力促进中心建成具有服务标杆作用的国家级示范生产力促进中心。南昌大学生产力促进中心将继续遵循生产力促进中心"两服务行动"的宗旨，借助中国生产力科技服务联盟东风，大力促进公共服务支撑体系快速发展，紧紧围绕科技创新"六个一"工程，积极参与科技入园入企行动，为大力建设创新型江西省，服务园区经济发展，做出更新的、积极的贡献。

（三）江西省中药生产力促进中心加强中药产业集成做好创新信息化服务

江西省中药产业发展迅速，目前拥有中药中小企业 2000 多家，分布于中药种植业、中药加工业、中药商业、中药保健品业及中成药制造业等领域，这些企业大多数规模很小，甚至有些以家庭生产为主（如中药种植业），技术水平低。随着我国科技经济体制的改革，市场竞争日益激烈，许多中药中小企业面临着发展生存挑战，因此提高企业技术创新能力，突出产品科技含量显得尤为重要。

江西省中药生产力促进中心顺应本行业的战略发展需要，不断完善服务功能，提高服务水平，满足中药中小企业不断变化更新的企业需求。江西省中药生产力促进中心通过技术服务、信息服务、技术咨询、技术培训等，使服务过的中药中小企业整体素质和创新能力得到提高，并加强企业之间的协作和交流，每年能为1000家以上中药中小企业提供科技服务。同时，该中心也产生可观的经济效益，为中心的发展壮大提供资金保障，从而更好地为企业提供优质全面的技术服务，为社会创造良好的社会效益。

信息技术具有渗透性、倍增性和带动性的特点，推广应用信息技术是改造提升传统产业的有效途径。传统产业改造一定要大力运用高新技术和先进适用技术，提高发展的起点，发挥后发优势；高新技术产业，包括电子信息产业要为传统产业改造提供强有力的技术支撑。

中药行业是传统产业的典型代表，其信息技术应用水平和层次均低于机械、电子、化工等其他行业。大部分中小企业由于种种原因，尚未启动信息化建设，没能真正体会到信息化在带动传统产业中所起的作用，其传统的生产经营管理模式仍占主导地位，企业也缺乏信息化人才，单独实施信息化建设难度很大。通过建立中药行业统一的应用平台，为江西省中药生产企业解决信息化应用的扩展、升级和调整问题，提升企业的自主创新能力，正是中药生产中小企业迫切需要解决的问题。

江西省中药生产力促进中心围绕江西省中药产业集群自主创新体系，通过企业创新服务平台建设，以信息技术提升传统产业的自主创新能力，从信息资源、企业决策、企业管理、产品设计、企业协作、企业营销和服务等方面提升企业自主创新能力，为中药生产企业提供低成本、低风险的信息化全面解决方案。

企业创新信息化服务是中药产业集群科技创新体系的重要组成部分。通过企业管理平台和决策支持系统，提升江西省乃至中药生产企业的管理和决策水平；通过产品协同设计平台，与用户互动设计产品，提高用户对产品的满意度；通过企业协作平台，充分发挥中药生产企业的技术、资源、装备等优势，提高资源和设备利用效率；通过电子商务平台和分销管理系统，构建产品营销和服务网络，降低库存，提高经济效益；通过企业创新信息化服务实施，将使中药生产企业的自主创新能力和水平得到大幅提升。

江西省中药生产力促进中心服务具有鲜明的地方特色和示范带动作用，在为江西省中药生产企业做好服务的同时，可扩展到为全国中药生产企业提供服务，并可在全国各省（自治区、直辖市）建立分支机构，提供应用服务，从而为推进中药行业的信息化建设进程做出积极的贡献。

江西省中药生产力促进中心的创新信息化服务全面满足了企业内部资源的

管理、产品设计、产品生产、产品销售、到企业间互助协作、企业外界资源的充分利用等需求，为基地企业提供了一个低成本、低风险、高集成度的全面信息化解决方案，从而提升基地内企业的管理和决策水平，使得企业能集中精力致力于产品的研发与市场开拓。为提升中药产业集群内企业技术创新能力，为中药产业集群科技创新体系提供有力支撑。

（四）资溪县面包生产力促进中心加强自身建设服务产业发展

资溪县面包生产力促进中心成立于 2007 年 3 月，现有职工 68 人，2010 年被评为省级示范生产力促进中心。该中心成立以来一直坚持"自主创新、重点跨越、支撑发展、引领未来"的工作方针，以推进科技入园为抓手，积极宣传科技政策，推动自主创新，推广高新技术，加强人才引进，解决实际困难，不断拓宽科技入园覆盖面，促进了资溪县面包产业持续快速发展。

1. 推进科技入园，服务产业发展

实施科技入园工程是促进产业发展，提高自主创新能力的主要举措，是发挥科技支撑的主要渠道，是服务产业发展的有效途径。几年来，资溪县面包生产力促进中心通过搭建科技信息服务平台，组建各个工作站，开展共用技术，培训学员，引进、推广新产品、新技术，开展多种形式的展示会，交流活动等工作，使资溪县面包特有技术、行业动态及发展新信息能及时、快速、广泛地送到面包经营户和企业手中，约 75% 的企业、83% 的面包经营户接受过中心的服务，科技入园覆盖率达到 82% 以上。据统计，有 39 家企业、5000 多家饼房，通过该中心的技术、信息、咨询等服务，改变经营状况，提高了经营水平和经济效益。2011 年饼店年收入增长为 10%～30%，面包产业年新增产值 4 亿多元，新增利润 2478 万元，从业人员年人均增收 600 多元。

（1）资溪县面包生产力促进中心组织技术力量对资溪县面包经过长期的发展而形成的特有技术如资溪小餐包、资溪果蔬面包等进行了总结提升，统一生产工艺技术标准；对资溪县面包人经过长期的实践和创新所形成的一整套独创工艺和裱花手法进行了总结提高，编辑了《蛋糕艺术裱花》《仿真塑胶制作》《烘焙教材》等技术手册，录制了《烘焙制作》《面包制作》《裱花技术》等技术光盘，使科技培训、科技推广更加科学化、规范化。

（2）资溪县面包生产力促进中心根据资溪县面包人分布在全国各地，广大面包户长期在外经营的特点，生产力促进中心通过分布在全国的 30 个工作站不定期的以展示会、演示会、推介会的形式，开展科学技术讲座，进行新技术、新产品、新工艺的宣传与推广。几年来，资溪县面包生产力促进中心重点推广了"资溪面包特有技术""杂粮面包""液种法面包生产工艺""鲜酵母应用技

术"，尤其是"液种法面包生产工艺"因具有便于大批量液种生产、便于配方保密及能明显改善面包品质和延缓老化等优点而深受大家喜爱，现已有绍兴资溪面包连锁经营有限公司、广西兴安麦香村食品有限公司等 7 家企业和慈溪爱心园、重庆鑫冠等 350 家饼店采用此方法进行生产，年增加收入 3000 多万元。

（3）积极开展技术培训。资溪县面包生产力促进中心针对不同层次的需求，2011 年共开办了 37 期技术培训班，培训班坚持以培训和推广资溪面包特有技术为主，统一技术标准，规范制作要求，提高了培训技术水平。同时，该中心以市场为导向，不断引进和创新，合理设计、增加培训内容，开设更多的培训课程，在原有烘焙、裱花、市场营销、经营管理等培训项目的基础上增加了西点、饮品、烧烤等培训项目，使学校培训项目达到 20 多项，覆盖焙烤全行业。并不断丰富、完善现有培训内容，做到"我无我有，人有我精，人精我特"的办学特色。该中心共培训学员 13 900 多人次，其中资溪县学员 4500 多人，外省、市学员 9400 余人，发送各种技术资料 30 000 份。

（4）开展远程网络教育。资溪县面包生产力促进中心针对面包户遍布全国各地，回来参加培训困难，不能及时学习资溪面包的新技术和新产品的情况，该中心通过网络开展远程教育，在杭州、济南、贵阳、上海等工作站设立远程教育培训点。该中心将新技术、新产品通过网络，及时向广大面包户传递，加快了资溪县面包技术的更新换代。

2. 加强科技支撑，服务企业发展

在经济全球化的今天，科技已成为推动经济社会发展的主导力量，市场的竞争从根本上来说是科技竞争，而科技竞争的核心是自主创新能力的竞争，加强科技创新，实施科技兴企是企业抢占市场，提高经济效益的重要手段之一。

（1）资溪县面包生产力促进中心与昆山市三益食品有限公司、四川省简阳市林家饼屋、滨州康利来食品有限公司、泰州市开发区麦香人家食品有限公司、湖北省恩施州亚麦食品有限公司、金坛市麦香园食品有限公司等 39 家企业建立了长期的合作服务关系，并将其中 10 家企业确定为中心的重点服务对象，在国家产业政策、招商引资、人才引进、技术需求、新产品研发等方面为它们提供咨询和中介服务，先后共为企业提供服务 334 次，解决技术难题 27 次，帮助引进技术人才 29 名、引进员工 185 人，提供各种信息 300 多次。

（2）加强信息的采集和交流。2011 年，资溪县面包生产力促进中心收集各类信息 2642 条，编写《烘焙技术》简报 24 期，重点围绕新技术、新工艺、新产品、新原料、等行业采编项目信息，下发合作的企业和下设工作站及信息服务点。组织开展管理咨询 207 次，技术咨询 498 次，其他内容咨询 243 次。

（3）资溪县面包生产力促进中心深入江西省资溪面包发展有限公司等企业，

开展国家创新基金、科技政策和申报程序的宣传和咨询，大力培育科技型民营企业，现有在培科技型企业 36 家，毕业科技型企业 3 家。

（4）资溪县面包生产力促进中心整合资源，在资溪县工业园区内建立了知识产权服务站，通过这个服务平台，保护园区内企业和科技人员的智力成果，激发了专业人才的创新热情。据统计，资溪县工业园区于 2011 年申请了技术专利 4 项，获得技术专利 2 项；企业新增商标设计 12 项，商标注册 5 项。

3. 服务百姓创业，解决实际困难

资溪县面包生产力促进中心进一步强化服务意识，扩展服务领域，增强服务功能，在积极为企业和面包经营户提供技术、信息、资金、劳务等方面服务的同时，还积极为百姓提供就业政策咨询、职业指导、职业介绍、创业辅导等服务。

（1）资溪县面包生产力促进中心先后组建了信息部、培训部、对外交流部、技术研发中心等多个职能部门，为广大面包户及科技企业提供技术服务、咨询服务及信息服务，服务范围覆盖全国，并在全国各地设立了 30 个工作站和 40 个信息服务点，共为企业和面包户提供各类服务 3000 多次，上门解决技术难题 53 项。

（2）资溪县面包生产力促进中心聘请全国糕点专业委员会秘书长张帅、安琪酵母股份有限公司首席烘焙师宋一兵、中国面包师分会秘书长冷建新等 14 名国内焙烤专家作为该中心的长年技术顾问，增强了中心的技术力量。同时，为培训学校引进中、高级技术人才 10 名、先后派出培训学校 10 批教学技术骨干共30 余人次到上海、广州、南京等地深造，提高了教员的技术及理论业务水平。

（3）争取上级资金支持。资溪县面包生产力促进中心成立后，组建了资溪面包培训学校，学校下设两个培训基地，在学校创立初期，积极为学校解决资金困难，争取上级部门资金，支持学校发展，目前已通过江西省人力资源和社会保障厅和银行解决基地无息贷款 700 万元。同时，还安排下岗培训资金、扶贫移民资金、阳光工程培训资金、重点支持面包培训学校，促进了学校的快速发展。

（4）通过资溪县面包生产力促进中心提供的信息、技术、咨询等服务，2011年已解决了 10 713 名农民工和下岗工人的就业转移，其中有 7328 人加入饼店工作，3385 人进入各大食品企业工作。新开饼店 1900 多家，其中开设连锁饼店的有 700 多家。通过该中心创业辅导新开饼店的有 1200 多家，新办食品加工企业18 家。

4. 开展行业活动，扩大生产力促进中心影响

（1）2011 年，资溪县面包生产力促进中心组织 23 家企业和 300 多名面包户

参加第十四届"中国国际上海烘焙展览会",其中11家企业在上海展览会布展,展示资溪面包新技术、新产品,展现了资溪县面包新形象。

(2)针对广大面包户在清明、中秋、春节等节日集中回乡之际,资溪县面包生产力促进中心先后举办了"安琪酵母全国烘焙大赛江西分赛区比赛""资溪面包——杭州艺发技术交流会"等科技交流活动,安琪酵母全国烘焙大赛江西分赛区比赛共有18个代表队参加,参展作品主要有甜面包、咸面包、法式面包、艺术面包、蔬菜面包、各种西式糕点、幕司、生日蛋糕等八大类60余种产品,使广大农民在家门口就能学到最新的技术、看到最新的产品。

(3)资溪县面包生产力促进中心配合市、县(区)科技局圆满完成了每年各类人员的交流任务,2011年共完成了5个组团外出学习考察任务,其中中国3个团(台湾2个、香港1个)、法国1个团、日本1个团;完成了13个组团到北京、上海、杭州、南京、广州、济南等工作站技术交流活动。

(4)资溪县面包生产力促进中心配合市、县(区)科技局组织了多次特色鲜明、形式多样的"科技宣传日、送科技下乡"等活动,直接把技术送到农民的手中,一年来共发放宣传资料15 900份,烘焙、裱花制作技术手册7500多册,技术光盘5600多盒。通过开展科技活动,方便广大农民学习技术,有效地带动了农民闯市场、创家业,百姓创业致富能力不断增强。

参考文献

王海 . 2009. 化被动为主动,化危机为生机——江西省实施科技入园工程的实践与思考 . 华东科技,(6):56,57

科技入园效果评价指标
体系设计及实证分析

第五章

一、科技入园效果评价的 DEA 模型

（一）DEA 方法评价科技入园效果的适用性

科技入园工程从整体来说是一项系统工程，而系统工程的主要任务是根据总体协调的需要，把自然科学和社会科学中的基础思想、理论、策略和方法等横向联系起来，应用现代数学和电子计算机等工具，对系统的构成要素、组织结构、信息交换和自动控制等功能进行分析研究，借以达到最优设计、最优控制和最优管理的目标。系统工程的基本方法是系统分析、系统设计与系统的综合评价（性能、费用和时间等）。用定量与定性相结合的系统思想和方法处理大型复杂的系统问题，无论是系统的设计或组织建立，还是系统的经营管理，都可以统一看作一类工程实践，统称为系统工程。

在科技入园工程这一科技系统中，所表现的是一个包含多输入、多输出且各个指标单位不统一的、复杂的投入产出系统。在输入方面，包括人力投入、财力投入、项目投入这种可定量计算的有形指标。在输出方面，既有直接产出如专利产出和经济效益，又有间接产出如社会效益。从一个系统评价的角度来反映科技入园这一创新型工程给江西省地区创造的总体效益，同时在前人研究的基础上可以看出，科技效果评价的研究者采用的方法大都没有通过评价结果得出可持续经济增长的方法建议。又有文献表明，数据包络分析（data envelopment analysis，DEA）是评价事物可持续发展有效性的有力工具，因而在进行江西省科技入园效果评价时，DEA 是较为有效的评价方法（陈平，2007）。

（二）DEA 模型的构建

1. DEA 方法及其优点

DEA 方法是著名运筹学家 Charnes 和 Cooper 等，在相对效率价概念基础

上，发展起来的一种根据多指标投入和多指标产出对相同类型的单位（部门），进行相对有效性或效益评价的系统分析方法（Charnes et al.，1978）。DEA 使用决策单元（decision making unit，DMU），即数学规划模型之间的相对效率，其最突出的特点是每个 DMU 都可以看作相同性质的部门，亦即在某一特定的研究视角，各 DMU 具有相同的可以比较的输入和输出。综合分析输入指标和输出指标数据得出每个 DMU 综合效率的数量指标将它们一一定级排序，确定有效的即相对效率最高的 DMU，并指出其他 DMU 非有效的原因和程度，以此给相应的部门主管提供管理信息。除此之外，DEA 还能判断各 DMU 的投入规模是否适当，并给出 DMU 调整投入规模的正确方向和程度。因此，DEA 方法是评价多输入和多输出一种有效的方法（薛声家等，2004）。其优点主要表现在以下几个方面。

（1）客观性强。对于所构造的评价指标体系中的每项指标不需要任何权重假设，也不需要任何主观评判，每一个输入输出指标的权重确立都能够通过 DMU 的实际调查数据的计算得出。

（2）无须无量纲化处理。DEA 中的 DMU 的效率是通过线性规划来计算出其最优解的，与其投入指标值及产出指标值的量纲选择无关，不受计量单位的影响。因此，建立数学模型前不需要对指标进行无量纲化处理，使得整个评价简便科学。

（3）可以包含非结构化因素。在科技入园评价指标中可以包含各种非结构化因素，如人文、心理、社会等因素。只需要按可靠标准给以量化赋值。

（4）计算相对效率。避免绝对比较所带来的缺陷，可同时对 DMU 的多项投入和多项产出计算相对效率（徐晨和邵云飞，2010）。

2. DEA 模型的建立

DEA 模型在计算分析时主要分为两个模型，分别是 C^2R 模型和 BC^2 模型。C^2R 模型有一个完美前提假设条件，即各企业必须在最优规模下生产，而这种假设虽然会比现实情况更完美，但计算起来相对简单。相反的，BC^2 模型中固定规模报酬假设去除了，取而代之的是通过衡量变动规模报酬下的企业的效率高低，这样就比较复杂。根据 Charnes 和 Cooper 对 DEA 的定义，每个 DEA 有效的 DMU 在用一个权系数乘以每个投入指标和产出指标，其产出加权值的和与投入加权值的和相比得出的比率是最大的，因为剩下所有其他的 DMU 用同样的加权系数算出这一比率都不会超过 1。所以，在一定程度上，由于在企业相应的投入规模下已经达到所谓的最大产出量，DEA 有效的 DMU 可以被认为已经处在

一个适合适用 C^2R 模型的完美条件之上。除此之外，在 DEA 统计软件分析中分为两种导向：投入导向和产出导向。在不改变产出数量的前提下，如何减少投入比例称为投入导向；在不改变要素投入比例的前提下，如何增加产出数量称为产出导向。若投入指标比例属于人为因素，可自由调整则选择投入导向分析计算；反之，若不想改变投入指标比例期望最大化产出数量，则选择产出导向分析计算。

根据两种模式的特点结合江西省科技入园工程的操作模式，可以分析出其投入指标数量主要由政府起引导和控制作用，各工业园区对实施科技入园工程投入的各项资源相对容易调控。因此，我们在投入导向下采取 C^2R 模型来评估分析江西省科技入园工程的效率。

假设有 n 个被评价的 DMU，每个 DMU 都有 m 种输入和 s 种输出，分别表示"投入的科技资源"和"产生的效益"。现在用 DEA 方法来评价各个 DMU 的投入、产出的相对效率的有效性，包括规模有效和技术有效。设 X_j 和 Y_j 分别为第 j 个时期的 DMU 的输入、输出向量，分别为

$$X_j = (x_{1j}, \ x_{2j}, \ K, \ x_{mj})^T > 0$$

$$Y_j = (y_{1j}, \ y_{2j}, \ D, \ y_{sj})^T > 0$$

$$V_i = (v_1, \ v_2, \ \cdots, \ v_m)^T, \ U_r = (u_1, \ u_2, \ \cdots, \ u_s)^T$$

式中，V_i 表示第 i 种类型输入指标的权系数（度量），U_r 表示第 r 种类型的输出指标的权系数（度量）。那么第 j 个 DMU_j 的效率评价指标数可以表示为

$$h_j = \frac{\sum_{r=1}^{s} U_r Y_{rj}}{\sum_{i=1}^{m} V_i X_{ij}}, \ j = 1, \ 2, \ K, \ n \qquad (5\text{-}1)$$

式中，X_{ij} 表示第 j 个决策单元对第 i 种类型输入的投入总量，Y_{rj} 表示第 j 个 DMU 对第 r 种类型输出的产出总量；并且 X_{ij}，Y_{rj}，V_i，$U_r > 0$；$j = 1, \ 2, \ \cdots, \ n$；$i = 1, \ 2, \ \cdots, \ m$；$r = 1, \ 2, \ \cdots, \ s$（以下相同）。$X_{ij}$，$Y_{rj}$ 可以根据调查搜集得到，为已知数据；V_i，U_r 是权系数，为未知变量。

适当选取 V_i 和 U_r，使得 $h_j \leqslant 1$，$j = 1, \ 2, \ K, \ n$。现在对 DMU_{j_0} 进行评价，h_{j_0} 越大表示能够用相对较少的投入产生相对较多的输出。这样，就可以看出 h_{j_0} 是否是最大的，DMU_{j_0} 是否是这 n 个 DMU 中相对最优的一个。以第 j_0 个 DMU 的效率评价指标数为目标，以所有 DMU 的效率评价指数为约束条件，构造以下最优化 C^2R 模型。

$$
C^2R = \begin{cases}
\max h_{j0} = \dfrac{\sum\limits_{r=1}^{s} U_r \boldsymbol{Y}_{rj_0}}{\sum\limits_{i=m}^{m} V_i \boldsymbol{X}_{ij_0}} \\[6pt]
\text{s. t. } \dfrac{\sum\limits_{r=1}^{s} U_r \boldsymbol{Y}_{rj}}{\sum\limits_{i=1}^{m} V_i \boldsymbol{X}_{ij}} \leqslant 1 \\[6pt]
V = (v_1,\ v_2,\ \cdots,\ v_m)^{\mathrm{T}} \geqslant 0 \\[4pt]
U = (u_1,\ u_2,\ \cdots,\ u_s)^{\mathrm{T}} \geqslant 0
\end{cases}
\tag{5-2}
$$

原始的 C^2R 模型是个分式规划问题，因此可以用线性规划的最优解定义可以判断 DMU_{j_0} 是 DEA 有效，还是 DEA 弱有效，或者是 DEA 非有效。若该对线性规划模型的最优解 $u^* > 0$ 和 $v^* > 0$ 满足 $h_{j_0} = 1$，则称该 DMU_{j_0} 是有效的。DEA 模型根据输入、输出数据将 DMU 分为有效的（$h_{j_0} = 1$）和无效的（$h_{j_0} < 1$）。

或者可以变换为 C^2R 模型的对偶问题 D_ε。

$$
D_\varepsilon = \begin{cases}
\min [\theta - \varepsilon(\hat{e}^{\mathrm{T}} s^- + e^{\mathrm{T}} s^+)] = V_D \\[4pt]
\text{s. t. } \sum\limits_{j=1}^{n} \boldsymbol{X}_j \lambda_j + s^- = \theta \boldsymbol{X}_0 \\[4pt]
\sum\limits_{j=1}^{n} \boldsymbol{Y}_j \lambda_j - s^+ = \boldsymbol{Y}_0 \\[4pt]
\lambda_j \geqslant 0,\ S^+ \geqslant 0,\ S^- \geqslant 0 \\[4pt]
\theta \text{ 无约束} \\[4pt]
j = 1,\ 2,\ \cdots,\ n
\end{cases}
\tag{5-3}
$$

式中，θ 表示该 DMU 的投入相对于产出的有效利用程度；ε 表示非阿基米德无穷小量；λ_j 表示第 j 个决策单元的组合比例。$\boldsymbol{S}^+ = [S_1^+,\ S_2^+,\ \cdots,\ S_s^+]^{\mathrm{T}}$ 和 $\boldsymbol{S}^- = [S_1^-,\ S_2^-,\ \cdots,\ S_m^-]^{\mathrm{T}}$ 是剩余（松弛）变量，分别表示无效投入量和产出不足量，最优解是 $\lambda^+,\ s^{*+},\ s^{*-},\ \theta^*$。

通过 C^2R 模型进行变换的对偶模型则有以下两点经济含义。

若 $\theta^* = 1$，则 DMU_{j_0} 为弱 DEA 有效；

若 $\theta^* = 1$ 并且 $s^{*-} = 0$，$s^{*+} = 0$，则 DMU_{j_0} 为 DEA 有效。

在实际 C^2R 模型计算中，大家可以根据需要来选择合适的线性规划模型。

(三) DEA 模型的有效性分析

DEA 模型的有效性分析包括规模有效性分析和技术有效性分析。其中，规模有效是指 DMU 已经处于一个最优生产规模的状态，它涉及规模收益的问题，即只有在 DMU 的投入增量百分比等于产出增量百分比时才能称为最优生产规模。技术有效则是指在生产过程中，产出不变，投入量已经减少到最低程度时（谢奉军和黄新建，2006）。

1. 技术有效性分析

为了考虑江西省科技入园工程的有效性，即在江西省经济发展的过程中，科技入园工程是否已经处于最优和有效的状态。也就是从技术经济的角度考察江西省地区在一定的科技对工业园区的投入水平下是否达到了所应该达到的相对最大的产出水平。即仅从技术水平来考察江西省科技水平是否达到了该技术的前沿水平，可以建立以下对偶模型 D。

$$D = \begin{cases} \min \sigma = V_D \\ \text{s. t.} \sum_{j=1}^{n} \lambda_j \boldsymbol{X}_j \leqslant \sigma \boldsymbol{X}_0 \\ \sum_{j=1}^{n} \lambda_j \boldsymbol{Y}_j \geqslant \boldsymbol{Y}_0 \\ \sum_{j=1}^{n} \lambda_j = 1 \\ \lambda_j \geqslant 0 \\ j = 1, 2, \cdots, n \end{cases} \tag{5-4}$$

2. 规模有效性分析

通过 C^2R 模型的对偶问题 D_ε 和 D 的线性规划可以得出以下经济定义。

$$\begin{cases} \theta^* = 1, \text{DMU}_{j_0} \text{ 为最大产出规模点，规模收益不变} \\ \theta^* = \sigma^*, \text{DMU}_{j_0} \text{ 规模收益不变} \\ \theta^* < \sigma^*, \text{则对于 } C^2R \text{ 模型的 } \lambda_j^* \begin{cases} \sum \lambda_j^* < 1, \text{DMU}_{j_0} \text{ 规模收益递增} \\ \sum \lambda_j^* > 1, \text{DMU}_{j_0} \text{ 规模收益递减} \end{cases} \\ s^* \text{ 为 DMU 单纯的规模有效性} \\ \sigma^* \text{ 为 D 模型下单纯的技术有效性} \end{cases}$$

根据以上定义可以得出下面的式子。

$$\theta^* = \sigma^* \times s^* \tag{5-5}$$

由此可见，在 C^2R 模型下，规模有效性和技术有效性相乘所得的乘积才是有意义的，即它所求的是它们的综合效率。

二、科技入园效果评价的指标体系

为有效推进科技入园工程，需要建立一套科学、简明、易操作的科技入园效果评价的指标体系。通过评价科技入园的绩效，从理论和实践上来指导科技入园工程的建设和实施。

(一) 科技入园效果评价指标体系的设计原则和设计框架

1. 科技入园效果评价指标体系的设计原则

1) 指标的全面系统性原则

科技入园效果评价指标体系的设计，力求能够全面系统地反映科技服务园区的影响因素、资源投入和对社会经济发展的影响。系统是由两个以上相互关联、相互作用的要素构成的，为实现规定功能以达到某一目标的一个有机整体。科技入园是一项复杂的系统工程，评价指标体系必须能够全面地反映科技入园工程可持续发展的各个方面，具有层次高、涵盖广、系统强的特点。所以，科技入园绩效的评价必须采用工业工程里系统工程的方法来设计（叶春英，2006）。

2) 指标的适宜性原则

在前人研究的基础上，少而精地选取一些主要指标，评价指标的因子不宜太多，适合最重要。指标因子太少可能不能全面地衡量评价对象的效果。指标因子太多虽然会提高精确度，但数据难以收集，使用起来不方便。所以在选取指标时，除了尽可能地减少使用者的工作量，还要能充分考虑地方特点，使所选取的指标充分反映地方科技入园绩效的高低。

3) 指标的科学性原则

评价指标体系结构的设计是否科学合理，直接影响到该测评结果，从而影响到实际工作的方向和行为结果。根据科学性原则，首先，指标体系的构建要有一定的目的性；其次，该指标体系的应用应该能够优化其所要评价的主体绩效；再次，能够揭示科技入园的本质特征，体现工业园区通过该工程取得的效益；最后，得出的成果是有益于促进该地区的经济发展。选取指标因子时，应尽可能地以最新得出的科技统计理论为基础，同时汲取中国其他省份及国外科技统计的经验，使构建的指标体系既科学合理，又有地方特色。

4）指标的可比性原则

指标体系的建立旨在科学、方便、可靠、简明。应尽可能地选取含义明确、口径一致的指标因子，使收集的数据具有可比性；在测评的时候采用相对合理的科技投入产出指标和数学模型，建立同一可比较的指标体系，这样测评的结果可信度高。评估科技入园的指标体系应该长期适用、相对稳定，虽然可能存在各个地区的工业园区的环境、地理位置等差异性和特殊性，但是在同种指标的口径、评价方法上应该具有一致性，同时指标口径要符合国内外相关规范条例及统计制度的要求，尽可能减少或消除主观因素，以保证测评结果的客观、合理和公正。

5）指标的多目标原则

江西省科技入园工程在实施中采取的是政产学研结合的模式，在这个模式中，通过生产力促进中心这个服务载体使得政府、企业、科研机构等都从不同角度不同位置支持并关心科技入园工程的效益及可持续发展。因此，在对科技入园工程进行绩效测评时，必须考虑不同角色的不同需求来设置指标体系。例如，政府的主要目的是检查针对该工程的科技政策是否落实并执行，该工程执行是否能给江西省带来经济上的有效发展，并以此为依据去调整各项科技资源投入，建立能更好地让江西省各地区实施科技入园工程的环境，培养创造性人才，通过测评结果大力宣传科技入园绩效好的园区的经验，增进企业及个人投资者对科技入园工程的了解。对科研机构而言，科研成果的价值实现，需要有一个平台来使它进入市场，从而使之真正成为有价值的商品并为社会带来经济和社会价值。通过科技入园是否能给科研机构带来效益，使得这些机构能研制出更多适合市场需要的成果。

2. 科技入园效果评价指标体系的设计框架

根据上述原则，以及根据第四章中理论基础分析，本书中将科技入园效果评价指标体系分解两大类一级指标，八大类二级指标即人力投入、财力投入、项目投入、服务投入、机构投入、技术产出、经济产出、社会产出。具体如图5-1所示。每一个二级指标又具体的细分为三级指标。

（二）科技入园绩效评价指标体系的建立

对江西省每个设区市进行总体科技入园工程绩效对比和评价，涉及的影响因素较多（图5-1）。

根据对科技入园绩效评价的相关文献综述、基础理论分析及DEA方法的分析，充分借鉴国外及中国其他各省份的专家研究成果，在此基础上提出以下科技入园效果的综合评价指标体系，其中所运用到的具体指标有21项（表5-1）。

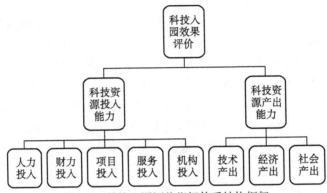

图 5-1 科技入园评价指标体系结构框架

表 5-1 江西省科技入园绩效评价指标体系

总目标	一级指标	二级指标	三级指标	单位
科技入园绩效评价指标体系	科技资源投入能力	人才投入	科技活动人员	千人
			生产力促进中心在岗员工	千人
		财力投入	政府投入	万元
			科技部拨款	万元
			省市级财政科技拨款总额	万元
			非政府投入	万元
			国外及港澳台引入投资	万元
		项目投入	重大高新技术产业化项目	项
			官产学研合作项目	项
		服务投入	生产力促进中心个数	个
		机构投入	科研机构	所
	科技资源产出能力	技术产出	申请专利数	项
			开发科技新产品项数	项
			技术交流与合作项数	项
		经济产出	为企业增加销售额	万元
			增加利税总额	万元
			高新技术产业增加值	万元
			生产力促进中心服务收入	万元
		社会产出	服务园区企业数量	个
			培育科技型企业数	所
			增加社会就业人数	人

科技入园绩效的各个指标是对该地区的科技活动进入工业园区的科技投入、科技入园中介服务机构、本地社会及经济的贡献等能力可以进行考察的综合指数因子，可以通过定量的无主观因素影响的指标组合和方法来测评地方科技入园工程的总体绩效、发展趋势及发展误区。为了使所建立的指标体系能够使科技入园单独从整个工业园区发展的各种方式中提取出来，有针对性地评价出科

技入园这一具体工程的绩效高低、效果状况，本书所构建的科技入园指标体系分为总目标、一级指标、二级指标、三级指标四个板块，每下一级指标就是对上一级指标的细分，类似于树桩结构。总目标是为了明确地列出该体系的测评对象，可以把它比作树根；一级指标则由科技资源投入能力指标和科技资源产出能力指标两个类似于分目标契合而成，可以把它比作树干；二级指标分别由一级指标的两大部分各分出几小部分，可以把它比作树枝；三级指标则是最后需要收集并测评的具体指标，可以把它比作树叶。整个一个枝繁叶茂的树正反映了这整个体系的生命状况（表 5-1，图 5-2）。

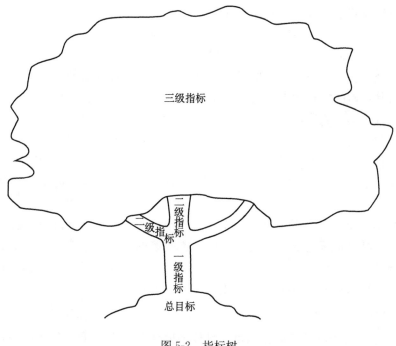

图 5-2　指标树

（三）科技入园效果评价指标的具体说明

科技入园主要是通过"科技五入园"的模式来发展运行，"科技五入园"涉及五个方面的投入：人才投入、政策投入、项目投入、服务投入和机构投入。

1. 人才投入指标

（1）科技活动人员。人才是一个社会经济发展的根本，特别是高科技人才，科技人才的多少直接影响了科研水平及技术创新能力。这里，科技活动人员包括各市、县（区）围绕工业园区建设科技创新平台和创新团队，以及专家人才库收集的各种参与到该科技入园工程中的各类科技服务活动的人数总和。

（2）生产力促进中心在岗员工。生产力促进中心是推动科技入园工程持续、快速、稳定发展的重要服务载体。它的在岗员工数量反映了该区域生产力促进中心的规模，也影响了接下来一系列的服务体制的构建及科技入园政策的传播和实施。

2. 财力投入指标

（1）政府投入。政府投入是指政府对这个地区的资金投入，它从侧面反映了该地区的经济发展状况及给政府带来的经济期望值。包括科技创新专项资金、中小企业创新基金、省财政资金及国家扶持资金等。

（2）科技部拨款。科技部拨款是指科技部对此工程相应的财政扶持。

（3）省市级财政科技拨款总额。省市级财政科技拨款总额是指江西省及其管辖区的地市级对科技活动上的拨款扶持经费与实物折款总额。它不仅反映了江西省对其各市的支持力度，也反映了该地区本身的财力及对科技活动的支持情况，另外也影响着该地区的科技入园工程的效率及可持续发展。

（4）非政府投入。非政府投入是指除了政府以外通过科技入园工程所获得的收入，包括项目经费、产学研项目投资资金、企业注资等一些额外的收入。这部分非政府投入的多少可以反映该地区的科技入园工程对企业及社会的吸引力。

（5）国外及港澳台引入投资。在科技入园工程中，经常会涉及一些国内外领先的科学技术成果，通过政府一系列优惠政策的出台及生产力促进中心这一服务载体的建设，吸引了大量的国外及港澳台企业对江西省各市企业的关注，这部分投入资金的多少反映了政府政策的宣传力度。

3. 项目投入指标

（1）重大高新技术产业化项目。科技入园作为一个政府搭建的平台，旨在推进区域创新体系建设，一个区域重大高新技术产业化项目的多少能反映该地区的综合竞争力。

（2）官产学研合作项目。江西省科技实力比其他省份相对较弱，通过构建政府、高校、科研院所、企业"四位一体"的官产学研合作模式可以加强科技合作交流，解决科技成果转化难的问题，由此带来的经济产出是不容忽视的。

4. 服务投入指标

生产力促进中心个数。现代的生产力促进中心已经有别于传统生产力促进中心的功能，是集科研服务、咨询服务、查新服务、文献检索服务、培训服务、技术交流等服务于一体的综合科技服务平台。此外，该平台还建立起强大的数据库管理系统，搭建了专家人才库、技术成果库、仪器设备库、科研机构库、项目数据库、单位基本信息库、企业供需信息库、企业产品库、企业招聘库、个人求职库等十一大数据库。其多少反映了该区域的科技入园服务能力。

5. 机构投入指标

科研机构。园区企业通过产学研合作项目在企业内部或高校内部设立的技术开发机构。此外，政府重点引进和组建创新能力强的研究机构入驻园区。

6. 技术产出

（1）申请专利数。该申请专利数为科技入园工程实施以后，园区企业申报的专利数。

（2）开发科技新产品项数。该项数反映该地区的技术创新研发能力。

（3）技术交流与合作项数。该项数反映各园区企业技术交流和桥梁搭载能力。

7. 经济产出

（1）为企业增加销售额。该销售额是指通过科技入园的服务中介机构招商引资，共享资源，引进技术和人才，由此使得企业获得的合作项目而获得的销售收入。

（2）增加利税总额。增加利税总额是指通过科技入园工程给企业增加的销售额及重大高新技术成果产业化项目给政府所带来的税收。

（3）高新技术产业增加值。该增加值反映了通过科技入园工程使得高新技术产业增加的、经济收入。

（4）生产力促进中心服务收入。在科技入园工程的实施中，主要是产学研三足鼎立的模式，生产力促进中心是这三方合作的中介服务机构。因此，生产力促进中心的服务收入也代表着该地区科技服务机构的服务能力。

8. 社会产出

（1）服务园区企业数量。由科技入园工程的引入所构建的生产力促进中心服务于园区企业的数量多少。

（2）培育科技型企业数。由科技入园工程的实施所培育出的科技型企业数量。

（3）增加社会就业人数。一方面，科技入园工程需要企业与科研院所或高校合作，而高校是人才的集聚地，通过这种点对点的对接，使得一些技术型管理型人才有目的地进行相关专业知识的学习，增加他们的就业量；另一方面，通过科技入园形成的增长极，带动区域经济的发展，从而增加社会对各方面人才的需要，最终增加就业量。

（四）基于 DEA 模型评价体系各层次权重的确立

指标体系权重是指标相对于目标重要性的一种度量，不同的权重往往会导致不同的评价结果。大多数的指标体系权重的确立都采用主观性强的主观赋权法，如二项系数法、德尔菲法、层次分析法等，这类方法大多是以该领域专家自身的经验来确定的，往往因为每个人的主观意识不同使得最后权重的确立缺乏真实性和客观性。另外一种相对来说比较客观的方法是客观赋权法，客观赋权法根据原始数据之间的关系通过一定的数学方法来确定权重，其判断结果不依赖于人的主观判断，有较强的数学理论依据（Baake and Boom，2001）。常用的有主成分分析法、多目标规划法、离差及均方差法等。这类方法不依赖于人的主观判断，因此避免了由于人们主观思想带来的偏差。本书中，采取了 DEA 方法，在这类数学模型中，其优点是默认的使用了客观赋权法，因此由该方法得出的评价权重比例具有一定的客观性和真实性，但是该方法也具有一定的缺点。由于客观赋权法必须要有足够多的样本数据和实际的问题域，通用性和可参与性差，在实际计算中不能体现评判者对该指标体系中不同指标的重视程度，最后出来的结果有时候会与实际的情况相差较大。

三、江西省科技入园绩效评价的实证分析

（一）数据来源

1. DMU 的选取

江西省各个工业园区进行科技入园工程的起步时间不统一，各个地区的发展水平也不一样，其中部分县级科技入园各项投入产出指标数据与市级科技入园相应部分的数据比较接近，同时鉴于科技入园是最近几年江西省采取的一项创新型举措，数据收集方面有一定的困难和缺失。因此，我们仅把 2010 年江西省 11 个设区市作为样本采集投入产出指标数和计算分析对象，其发展水平从总体来说可以反映江西省总的科技入园工程的实施情况。

2. 评价指标体系的选取

在选取评价指标时，为了避免引入大量的数据而导致误差增大，只选取具有代表性的指标因子。需要注意的是，该评价指标体系是针对江西省科技入园

工程这一特定的项目而选取和收集的，具有特殊性，若要针对其他地区相类似的绩效成果进行评估，需要相应地修改具体的指标因子（表 5-2）。

表 5-2 江西省科技入园绩效评价指标体系

总目标	一级指标	二级指标	三级指标	单位
科技入园绩效评价指标体系	科技资源投入能力	人才投入	科技活动人员 I1	千人
			生产力促进中心在岗员工 I2	千人
		财力投入	政府投入 I3	万元
			科技部拨款 I4	万元
			省市级财政科技拨款总额 I5	万元
			非政府投入 I7	万元
			国外及港澳台引入投资 I6	万元
		项目投入	重大高新技术产业化项目 I8	项
			官产学研合作项目 I9	项
		服务投入	生产力促进中心个数 I10	个
		机构投入	科研机构 I11	所
	科技资源产出能力	技术产出	申请专利数 O1	项
			开发科技新产品项数 O2	项
			技术交流与合作项数 O3	项
		经济产出	为企业增加销售额 O4	万元
			增加利税总额 O5	万元
			高新技术产业增加值 O6	万元
			生产力促进中心服务收入 O7	万元
		社会产出	服务园区企业数量 O8	个
			培育科技型企业数 O9	所
			增加社会就业人数 O10	人

本书在评估江西省科技入园绩效中采用了五种方案，可以反映不同的评价目的，如表 5-3 所示。

表 5-3 江西省科技入园绩效 DEA 评价指标体系分组

方案	评价目的	输入指标	输出指标
P1	经济效益	I1 I2 I3 I4 I5 I6 I7 I8 I9 I10 I11	O4 O5 O6 O7
P2	社会效益	I1 I2 I3 I4 I5 I6 I7 I8 I9 I10 I11	O8 O9 O10
P3	创新效益	I1 I2 I3 I4 I5 I6 I7 I8 I9 I10 I11	O1 O2 O3 O9
P4	企业效益	I1 I2 I3 I4 I5 I6 I7 I8 I9 I10 I11	O4 O6 O8 O9
P5	综合效益	I1 I2 I3 I4 I5 I6 I7 I8 I9 I10 I11	O1 O2 O3 O4 O5 O6 O7 O8 O9 O10

3. 数据收集与整理

本书针对 2010 年江西省 11 个样本设区市的科技入园绩效进行评价。数据资料主要来源于江西省科学技术厅的《2011 年全省生产力促进中心统计汇报》和

《2011 年全省科技入园工作经验交流会》。

(二) DEA 模型计算结果及分析

根据收集的数据，结合 C^2R 模型，利用统计软件 deap2.1 进行统计分析处理，通过使用上文所述的评价方法进行评价，得到结果如表 5-4 所示。

表 5-4　江西省科技入园绩效的 DEA 评价结果

评价地区	评价方案					平均综合评价值	综合排名
	P1	P2	P3	P4	P5		
萍乡市	1.000	0.984	1.000	1.000	1.000	0.996 8	2
宜春市	1.000	1.000	1.000	0.998	1.000	0.999 6	1
新余市	0.898	0.857	0.852	0.916	0.946	0.893 8	8
吉安市	0.871	0.785	0.938	0.933	0.953	0.896 0	7
南昌市	0.977	1.000	0.996	0.994	1.000	0.993 4	5
九江市	0.840	0.883	0.957	0.937	0.982	0.919 8	6
上饶市	0.825	0.711	0.943	0.816	0.905	0.839 9	10
景德镇市	0.776	0.704	0.828	0.804	0.837	0.789 8	11
赣州市	1.000	0.982	1.000	1.000	1.000	0.996 4	3
抚州市	0.987	1.000	1.000	0.985	1.000	0.994 4	4
鹰潭市	0.839	0.659	0.931	0.852	0.948	0.845 8	9

表 5-4 列出了江西省科技入园绩效的 DEA 评价结果，其中包括 11 个样本的 5 类指标体系分数值，以及平均综合评价值和综合排名。据此分两个步骤进行数据解释剖析：第一步，根据平均综合统计结果来分析江西省科技入园的总体效率概况；第二步，依据 11 个样本设区市的五类指标分别提出江西省科技入园带来的经济效益、社会效益、创新效益、企业效益及综合效益的结果并在此基础上进行分析。最后，根据以上得出的结论，有针对性地提出可行的建设性意见。

1. 总体绩效分析结果

根据统计软件 deap 2.1 分析，样本方案结果均在 0 与 1 之间，其中不同的数值表示不同的有效性等级，一般数值越大，有效性越大。数值中"1"代表最优，"0.900~0.999"为较优，"0.800~0.899"为良好，"0.700~0.799"为一般，"0.600~0.699"为达标，"0.600 以下"为差。根据等级总结出江西省 11 个样本设区市科技入园绩效的总体情况，如表 5-5 所示。

表 5-5　江西省各市科技入园绩效整体情况统计

等级	最优	较优	良好	一般	达标	差
样本数/个	0	6	4	1	0	0
比例/%	0	54.5	36.4	9.1	0	0

纵观科技入园整体绩效，所有样本设区市中不存在"最优"，说明每个样本

设区市均有可以提高与改善的空间，同时也不存在"达标"及"差"，说明江西省科技入园效果明显，具有积极的作用。通过对评价方案中的指标体系的关注，各市可以看到自身的不足与改善的途径，找到影响科技入园效果的原因，争取做出更好的成绩。

江西省 11 个样本市设区中位居前四名的分别是宜春、萍乡、赣州、抚州，科技入园总体绩效成绩均为"较优"。其中，第一名宜春市的五项评价方案里四项达到了 DEA 有效，绩效分数位居前列，为科技入园效果最好的城市，值得各市进行学习和经验借鉴。其中，宜春市科技部对生产力促进中心的投入排名倒数第一，表明政府对生产力促进中心的投入不足。第二项评价方案即社会效益值不满 1，但却是在这方面全省做得最好的城市，说明全省各大城市在服务园区企业数量、培育科技型企业数及增加社会就业人数方面仍存在发展与改进的地方。相对于投入来说，赣州市与萍乡市的产出效益同样可观，赣州市的科技项目推广数为 469 项，位居全省第二，萍乡市企业增加销售额达 4194 万元，位居全省第一。科技入园对于培育高新技术产业和区域经济增长效果明显，赣州市和萍乡市扩大了投入效益，带来更高的产出，说明政府较充分有效地推动了企业工作积极性，各方面发挥了各自的优势。

科技入园绩效最差的是景德镇市，技术推广项 1 项，技术开发项 20 项，分别为全省倒数第一与倒数第二。景德镇市高新技术产业起步较晚，2010 年才获得国务院的正式批准成为国家级高新技术产业开发区，生产力促进中心和科技园的科技经费共 6 万元，重要立项 1 项，获得省级财政扶持 60 万元，政府的科技投入严重不足。因此，景德镇市应重点加强高新技术企业的培植，引导企业进一步加大创新，提高科技投入，完善条件，积极申报创新项目，真正发挥科技的支撑作用。

2. 四大评价方案分析结果

1) 经济效益

经济效益方面，宜春、萍乡和赣州的 DEA 评价效率为 1，科技入园经济效益达到了效果最优。其他地区经济效益为较优，景德镇市效益为一般，系数为 0.776。宜春市 2010 年科技型企业销售收入 118.7 亿元，上缴税收 9.8 亿元，科技增益创收占全市收入的近 1/3，萍乡市 2010 年全市高新技术产业增加值达到 84.99 亿元，全省排名第三位。这说明全省科技入园带来的经济效益在全省范围来看比较理想。

2) 社会效益

社会效益方面，全省的 DEA 评价效率较低，南昌、宜春和抚州的 DEA 评价效率为 1，科技入园在这三个市的社会效益达到了最优。效率分数最低的城市是鹰潭市，分数为 0.659。从服务企业数量、培育科技型企业数和增加社会就业来看，南昌市服务企业数量 4788 家，达全省之最，宜春市服务企业数量 4412 家，位居全省第二，鹰潭市服务企业数 163 家，培育科技型企业数 7 家，增加社会就业人数 690 人。科技入园带来的积极效应还需要更好地辐射到对社会的影响，通过科技入园效果评价，完善相关的工作条件和机制构建，挖掘科技入园对企业发展、就业增长的潜在能力。

3）创新效益

创新效益方面，可以看出全省的 DEA 有效性评价总体来说较高，有四个城市的 DEA 评价效率为 1，达到最优。创新效益看重的是园区企业申请专利数、开发科技新产品项数、培育科技型企业数及技术交流与合作项数。全省的创新效益在良好以上，没有出现一般及达标，萍乡市 2010 年科技创新专项基金为 1000 万元，宜春市科技创新专项资金投入 500 万元，说明科技入园促进了政府对创新型产业的扶持力度，对企业创新和项目开发具有激励作用，有利于高新技术的开发与交流。

4）企业效益

企业效益方面，全省情况较为相似，其中 DEA 有效的为萍乡市和赣州市，近一半的 DEA 效率为最优或较优。企业效率的评价根据是为企业增加销售额、高新技术产业增加值、服务园区企业数量及培育科技型企业数四项依据。依据这四项标准，全省要通过改善科技机构和创新平台基础条件，增强入企服务能力，提供各种科技服务，促进中小企业的科技进步，打造一批资源优越、科技成果转化能力强的龙头企业，利用推进高新技术产业来为园区企业提供更高质量的科技交流服务和创造更多的企业效益。

3. DEA 有效性综合分析结果

通过利用 DEA 模型分析，江西科技入园的效果是客观和显著的。科技入园为全省的经济社会发展和企业创新能力提升带来了积极推进的作用。科技入园已经成为提升江西省整体科技创新能力的重要途径，也成为推动区域经济社会实现科学发展的一种有效手段。DEA 模型所体现的各设区市的存在的不足之处，需要因地制宜地结合当前环境进行有针对性的改进，一些成功的经验值得学习借鉴。

参考文献

陈平．2007. 从工业园区到创新基地：法国索菲亚科技园的启示．科技进步与对策，（9）：
　　195～198

谢奉军，黄新建．2006. 基于 DEA 模型的江西工业园区投入产出效率评价．区域经济，（3）：

120～122

徐晨，邵云飞．2010．基于 DEA 的科技成果转化绩效评价研究．电子科技，23（7）：58～61

薛声家，吴永新，陈浩．2004．基于 DEA 有效性的广东经济发展地区差异分析．暨南学报（人文科学与社会科学版），（4）：30～34

叶春英．2006．工业园区竞争力的评价指标体系研究．上海：同济大学硕士学位论文

Baake P，Boom A，2001．Vertical product differentiation，network externalities，and compatibility decisions．International Journal of Industrial Organization，19：267～284

Charnes A，Cooper W W，Rhodes E．1978．Measuring the efficiency of decision making units．European Journal of Operational Research，2（6）：429～444

科技入园系统模式构建 | 第六章

科技入园工程作为一项科技服务的系统工程，涵盖了科技机构、科技政策、科技项目、科技服务、科技人才五个层面，主要针对工业园区普遍存在的科技含量低、科技创新能力不强、经济质量和水平不高等问题。在此，科技入园既是形式、载体，也是一种推动科技进步的机制，它承载着科技与企业的有效对接，科技对企业的务实服务，进而转化为现实生产力的时代使命。为更加有效地实现科技入园工程的功能，必须进一步在入园内容、工作举措、运作模式上积极探索、不断完善，使这项工程真正在工业园区落地生根，提升其科技自主创新能力。

一、科技入园主要影响因素分析

科技入园模式受诸多因素的影响，在系统构建时必须加以充分考虑，并分析和论证其对科技入园工程的影响。

（一）影响机构入园的主要因素

机构是科技入园各项服务的载体，是组织和领导科技入园的主要组织形式，在进行科技入园时所采用的最主要组织形式是生产力促进中心。因此，机构入园的影响因素也是影响生产力促进中心构建的主要因素。生产力促进中心的构建受诸多因素的影响，其中起主要作用的是协调人员、组织架构、服务场所、运转经费、主要职责和工作思路，具体主要体现在以下几个方面。一是协调人员。指的是生产力促进中心的专业人员，其服务素质和专业素养必定会影响到机构入园的效果。二是组织架构。生产力促进中心必须要成立相对完善的组织架构，因为组织架构是生产力促进中心进行内部管理和外部服务的运作方式，实现中心资源的有序分配和优化配置。三是服务场所。也就是办公场地，良好而有创意的办公场所必定能够为工业园区企业带来一种技术上可信的依靠。四是运转经费。运转经费是机构入园持续发展的保障，也是为园区企业提供持续服务的保证，生产力促进中心应该可以通过政府投入和提供服务的适当收费获得持续的运作经费，实现收支平衡。五是主要职责。生产力促进中心要承担起自身的责任，才能够不断地为企业提供服务，其中主要的职责是提供科技信息、包装科技项目、引进先进技术、培训科技人才等。六是工作思路。机构入园的基本工作思路是为企业提供直接有效的服务，为此，在进行工作程序设计时应该更加深入企业，获得第一手的服务需求，从而有针对性地提供科技服务。

（二）影响政策入园的主要因素

政策入园能够保证园区企业在国家政策层面做到信息的完全和对称，实现企业与国家政策的有效对接。通过调研分析，影响政策入园的因素主要有政策理解能力、政策传递渠道、政策支持争取、政策执行力度等。这些方面的影响因素会大大影响政策入园的效果，具体来看主要有以下几方面。一是政策理解能力。每年国家各级政府都会出台较多的科技政策，科技服务人员应该充分理解国家各级政府的科技政策，这是科技政策为园区企业提供支持的首要问题，使科技服务人员能够精通政策。二是政策传递渠道。科技政策传递渠道也就是信息传递渠道，保持渠道的顺利畅通是减少科技政策失真的主要途径。通过科技政策渠道建设可以使国家与园区企业之间架构一座政策桥梁，使园区企业做到懂政策。三是政策支持争取。园区企业在科技方面有不断的需求，在许多方面诸如税收、资金、财政、基础实施等，都需要得到政府的支持。为此，政策入园除了政策进入园区的单一过程外，还应有一个从园区出来然后上升为国家政策再回到园区的循环过程，从而为园区企业争取到政策。四是政策执行力度。政策的有效性在于政策能够落到实处，落地生根。科技政策需要在入园机构的监督下做到有效的落实，并能够形成当地政府或园区的自觉行为，从而使科技政策得到有效执行。

（三）影响项目入园的主要因素

项目入园是增强园区企业科技实力最直接、最有效的方式，它要么通过项目资金直接进行技术改造与提升，要么通过高新科技项目进园直接提升园区技术水平。项目入园对园区科技水平的有效性提升也会受到诸多因素的影响，在此主要有项目甄别能力、项目获取渠道、项目实施力度等。项目入园影响因素会影响到项目入园的有效性，具体主要包括以下几方面。一是项目甄别能力。各地经济发展都有自身的发展基础和特色，发展特色经济也是区域经济差异化发展战略的关键。为此，在进行项目入园时，要充分体现当地和该工业园区的特色，进行项目甄别，然后有针对性地引进具有能够提升本地特色产业技术创新能力的项目。二是项目获取渠道。项目入园首先得有项目可入，拓宽项目获取渠道，才能以项目为基础上实现科技能力的提升，在此可以通过本地项目的倾斜、增强项目争取力度、加大项目招商力度等途径来实现项目渠道的扩展和延伸。三是项目实施力度。项目入园以后，要使项目能够真正为园区甚至当地经济带来技术活力，还必须有效监督实现项目的落地生根，这样才能有效提升工业园区的技术水平。

（四）影响服务入园的主要因素

服务入园是实现科技入园的手段，是把按照园区企业的科技需求所设置的各项服务提供给园区各企业，目的是直接有效的为园区企业提供科技服务。影响服务入园效果的影响因素主要有服务人员、服务体系、服务方式、服务考核等。这些因素具体作用于工业园区，从而影响科技入园工程的整体效果，其主要表现在以下几方面。一是服务人员。科技服务人员的服务态度、信用、素质和专业素养等各方面都会影响到服务入园的效果，在对园区企业进行科技服务之前，都必须以一定的标准选择和培训专业服务人员，并有一套完备的服务手册。二是服务体系。服务体系的整个完善程度和系统化运作，是服务入园成功的关键，服务体系要贴近企业的需求而建立，把整个社会的科技水平包容性整合到工业园区中，实现工业园区科技能力的包容性提升，在此可能主要是网上的信息化服务平台和网下的信息沟通体系的建立。三是服务方式。服务方式是否多元化也会影响到服务入园的效果，多元化的服务方式可以满足园区企业多元化的需求，可以创新各种服务方式。四是服务考核。服务考核是对整个服务入园效果的一个评价，这一体系的构建可以对机构所提供的所有服务进行测评，以发现成绩和不足，并对机构提供的服务进行创新和修正。

（五）影响人才入园的主要因素

科技人才是立园之本，牢固树立人才是第一资源的观念，大力实施人才兴企战略，把发现人才、培养人才、吸引人才、用好人才和留住人才作为科技入园关键所在，人才入园效果的提升也是科技入园工程必须要大力解决的一个问题。影响人才入园的因素较多，具体来看主要体现在以下各方面。一是人才甄选能力。人才甄选能力会影响到园区企业是否能够引进真正的人才，而不是庸才，这就必须构建人才甄选体系以科学地识别人才和其所带来的科研成果，为园区企业实现人才能力的转化和科研成果的生产力化。二是人才引进政策。人才引进政策的开明度和开放度会大大影响到人才入园的效果，影响到是否能够吸引到优秀的人才，政策是一个较大的影响因素。三是人才激励模式。良好的人才激励模式可以留住真正的人才，并且使其长期为该园区企业服务。根据实际，可以采取入股、年薪制、股票期权、股份期股等多元化人才激励模式。四是人才成长渠道。引进的人才要想使其一生都在此地服务，就必须使其在职业生涯方面有所突破，有所成长，使其科技能力能够可持续延伸，为此，要为科技人才提供多元化成长渠道，如科技人才转型，人才培训提升、科技人才创业等。五是人才考核体系。人才考核体系的有效构建能够测评人才入园后为园区企业科技提升所做出的成就，并能为后续人才的引进提供思路和方向。同时，也为引进的科技人才提供一个参考值，为其提供努力和突破的方向。

二、科技入园的主要方式与条件分析

科技入园的主要方式包括科技机构入园、科技项目入园、科技政策入园、科技服务入园和科技人才入园，其各种方式又受到诸多因素的影响，要构建柔性的科技入园模式，还必须具备必要的方式与条件。

（一）机构入园主要方式与条件

通过对江西省科技厅及各地市进行调研，机构入园的主要方式有建立生产力促进中心、建设专业科技服务机构及成立园区科技分局，其中建立生产力促进中心是机构入园的主要方式。

生产力促进中心成为科技入园工程系统中机构入园的核心，构建好生产力促进中心需要具备相应的条件。一是明确入园机构，鉴于当前基层科技部门人手较紧，而生产力促进中心人员富余的状况，将生产力促进中心作为科技入园机构，既解决了科技入园的抓手问题，又为生产力促进中心履行职能提供了一个平台。机构入园要做到有牌子、有人员、有办公场所、有服务措施。二是强化生产力促进中心力量，在地方党委和政府的支持下，较好地解决入园机构办公场所和工作开展等问题，并普遍指定了一名副局长兼任生产力促进中心主任或分管生产力促进中心工作，抽调骨干力量进驻园区办公。三是引进中介机构，在工业园区引进科技孵化基地、创建科技创业服务中心、建立金融担保中心等机构，积极为园区企业提供项目申报、专利代办、科技融资等服务，为企业科技创新和二次创业铺桥引路。四是完善服务体系，要配备必要的服务设施，整合相关的服务资源，建立完备的服务体系；要联合市内外高等院校、科研院所、咨询公司、技术测试中心、人才培训中心、风险投资公司等为创新创业者提供全方位的科技服务。有条件的市、县（区）还可以选派一定数量的科技特派员到园区企业，扎实开展科技服务工作。

（二）政策入园主要方式与条件

政策入园要在影响因素方面进行深入研究，利用多种方式实现政策的有效性和落实性。具体来讲，可以通过以下方式实现：一是面向企业宣传科技政策；二是帮助企业争取科技政策；三是督促园区落实科技政策。

要实现科技政策的入园，使其方式能够有效推进，必须具备相应的条件。具体来讲主要有以下几个方面。一是各种宣传渠道的构建。通过上门告知、上墙张贴、上网公布等多条渠道，使科技政策覆盖园区企业。二是拓展科技政策支持范围。积极引导企业申请成果鉴定或申报专利，主动帮助企业争取省级和国家科技计划项目与政策，帮助符合条件的企业申报高新技术企业、科技新产品或认定民营科技企业。三是政府各级部门的协调沟通。通过与财政、税务部门沟通协调，督促园区落实科技型企业税收减免、政府采购等优惠政策，使园区企业得到实实在在的利益。

（三）项目入园主要方式与条件

项目入园需要积极配合其影响因素，实现优质项目的入园，保障项目的顺利实施，使工业园区的科技水平得到大大的提升。为此，项目入园方式也应该是多元化的，具体包括三个方面：一是安排国家科技支撑计划项目入园；二是争取上级科技项目入园；三是招引科技项目入园。

陈薛孝和黄小勇（2012）认为，把组织科技项目入园作为工作根本，与这些方式相配合，必须具备相应的条件才能使项目顺利开展，并得到有效落实，主要条件如下。一是科技三项经费的倾斜。科技三项经费侧重向园区企业倾斜，调动企业技术创新热情。二是国家引导资金的增加。国家要增加对企业的资金引导，从而科技入园机构才能引导和帮助企业申报国家火炬计划、国家创新基金、国家科技支撑计划、国家重点新产品计划等。三是项目库和科技成果库的建设。依照园区基础和发展目标，建立高新技术项目库和科技成果库，有针对性地开展科技招商活动，为园区引进科技含量高的新项目。通过人才引进、技术对接等方式，使科技人才、高新技术向科技园区集中。同时，注重招商引科，为工业园区引进一批科技含量高的科技项目，提升园区的科技水平。四是引导企业增加科研人员，加大科技投入，建立研发机构，加强科研开发，推动企业依靠科技创新谋发展。五是引导"校企、院企"合作，主动与高等院校、科研院所进行联系，引导园区企业与其加强科技合作与交流，引人才、做项目、攻难题、促转化。六是推广应用高新技术，带动产品设计方法和工艺创新、企业管理模式创新、企业间合作关系等创新。

（四）服务入园主要方式与条件

服务入园是最能体现科技入园工程成果的方面，因为为园区做了多少服务，带来多少效果，都体现在服务入园方面。要使服务入园效果较好，就必须根据服务入园的影响因素，选择好服务入园的主要方式，在此主要有三种方式。一是网上动态信息服务方式。利用信息服务方式为园区企业提供科技信息、制造业信息化推广、中介机构信息咨询等服务。二是科技特派员服务方式。选派科技特派员进入园区企业中，充分了解企业的科技需求，直接为其提供科技服务或整合科技资源为其服务。三是校企联盟服务方式。通过高校与企业实现紧密联系，在科研力量和团队方面紧密结合，实现产学研的联合。

要使这些方式能够较好地运用，还要具备相应的条件，为此把开展科技服务入园作为工作载体，可以完善以下服务入园条件。一是建立服务平台，提供信息服务，建立"一网两库三台账"，搭建科技信息服务平台。深入了解企业的状况和需求，主动收集有关高等院校、科研院所成果，以及人才、设备等信息，建立本地园区企业、产品、人才、技术需求动态数据库及高等院校、科研院所人才、设备、成果等基础动态数据库。引导园区企业与高等院校和科研院所加强合作与交流。二是组织科技培训，培养科技人才，组织专家到企业进行专门培训，让企业了解当代科技发展方向，学习最新科技成果，掌握项目对接方法，熟悉项目申报要求等。大力推广信息技术、自动化技术、现代制造技术、现代管理技术，带动产品设计方法和工具创新、企业管理模式创新、企业间协作关系的创新。建立中小企业 ASP 服务平台，通过 ASP 共享使用企业资源管理系统（ERP）、计算机辅助设计系统（CAD）、产品数据管理系统（PDM）等，逐步实现企业信息化，提升企业竞争力。三是组织科技论证，提高企业素质，组织符合条件的企业申请科技论证，帮助企业成长为高新技术企业、民营科技企业。推进园区与省外园区的交流和合作，向省级、国家级工业园区迈进。同时，研究制定入园孵化企业的优惠政策，争取上级科技部门在资金、政策等方面的支持。

（五）人才入园主要方式与条件

人才是园区科技发展的关键，是保证园区企业技术持续保持领先水平的重要因素。在人才入园方面一定要把握好原则，使园区成为优质人才的聚集地和成长基地。为此，要采取多渠道、多元化的人才入园方式，可以通过以下方式来实现：一是通过对现有人才提供外训和内训实现自身科技水平的提升；二是通过校企合作，使高等院校的科研水平运用到企业中，使企业科技人才在干中得到技术水平的提升；三是通过激励模式和优惠政策，吸引相关的人才进入园区，为园区企业输送新鲜血液，实现园区科技新的造血功能。

配合好人才入园方式，需要提供相应的人才入园条件，这样才能使人才入园做到实处。把吸引科技人才入园作为工作关键，可以提供以下条件。一是科技人才开发平台建设。构建科技人才开发平台，其功能是把具备科技素质和素养的人才，通过外派进入高等院校，或专业的研发机构或培训机构，实现其技术水平的提升。二是科技人才培训平台要构建科技人才培训平台。此平台具备人才培训、人才合作、校企合作的功能，能够整合社会科技资源为园区企业科技人才提供培训，以实现其科技水平的提升。三是科技人才引进平台。引导大批优秀科技人才向工业园区集中，同时建立健全技术等要素参与受益分配的激励机制，鼓励企业推行骨干技术人员年薪制，支持企业对关键技术骨干实施期权激励政策，提倡以科技成果作价投资、折算股份或按出资比例等形式进行科技成果转化，重奖有突出贡献的科技人员，通过一系列的优惠政策吸引更多的科技创新人才到工业园区创业。

三、科技入园系统模式与运行机理分析

为落实科技成果转化，实现科技与企业的有效对接。江西省进行科技入园的具体做法分为科技机构入园、科技政策入园、科技项目入园、科技服务入园和科技人才入园五个方面。本书采用麻省理工学院 Forrester 教授创立的系统动力学研究方法，对影响科技入园的因素进行剖析，建立子系统结构模型，并对各子系统间的相关联系进行详细分析。在此基础上，利用 Vensim 软件构建了科技入园因果关系流程图，形成了江西省科技入园系统反馈总体模式。

（一）科技入园总体模式构建与运行机理分析

根据江西省推进科技入园的实际做法，首先搭建一个总体系统关系结构图，如图 6-1 所示。将江西省科技入园的系统模式确立为机构入园、政策入园、项目入园、服务入园和人才入园五个子系统。

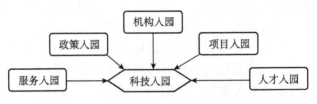

图 6-1 科技入园与子系统关系结构图

在科技入园模型中，机构入园和政策入园起了总领作用，直接推动了科技入园机制的形成。项目入园作为科技入园的结果，为总体模式的发展奠定了现实基础。服务入园和人才入园为科技入园的顺利实施起到了保障作用。机构入园、政策入园、项目入园、服务入园和人才入园五个子系统构成了科技入园的总体模式。与此同时，这五个子系统之间又是相互联系、相互影响和相互制约的。每个子系统的运行，不仅取决于其独特的内部结构，还受到外部其他子系统的影响。正是在外部变量与内部变量的双重决定下，构成了各子系统独立的运行模式。以下将上述五个子系统加以分析，并在此基础之上得出科技入园的总体模式。

1. 机构入园子系统与运行机理

科技机构入园主要是指当地政府在工业园区内建立新的组织机构，该组织机构通过制定各项工作制度，明确工作职责，为园区企业提供科技信息、项目申报等帮助，引导企业与科技的对接活动。科技机构入园的模式有建立生产力促进中心、建设专业科技服务机构及成立园区科技分局，其中生产力促进中心是机构入园的主要形式。以生产力促进中心为例，在中心的建设中，地方政府不仅直接促成了生产力中心的成立，还推动着产品基地和网络平台的建立，间接支持了中心的完善。产品基地由产品设计、产品转化和产品推介三个基地组成。专业人才、校企合作推进了产品设计，技术能力决定了产品科技转化的速率。网络平台一方面直接服务于生产力促进中心，另一方面发挥自身平台作用，影响着产品设计成果展示和推介。科技情报支撑着网络平台的建立，并通过网络平台对生产力促进中心产生积极作用。与此同时，生产力促进中心的进一步完善，又有利于科技情报的利用，这三者形成了闭合反馈。科技机构入园子系统的反馈流程如图 6-2 所示。

机构入园的运行机理概括如下：①在政府支持下成立园区科技分局，以科技分局的形式实现机构入园；②政府通过推进网络平台的建设，作用于生产力促进中心，以生产力促进中心的形式进行机构入园；③在政府部门的支持和专业人才的引入下，促进校企合作，利用研究成果产业化服务于产品基地，最终作用于生产力促进中心；④利用相关的专业人才促进知识产权援助，完善金融

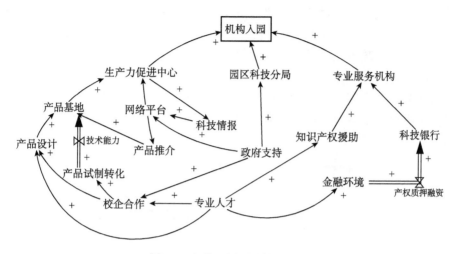

图 6-2　机构入园子系统流程图

体制创新，形成高素养的专业服务机构，辅助机构入园。

通过以上系统反馈流程，结合科技入园实践，形成了相应的科技入园机构入园模式。通过实践总结，王海（2011）认为主要存在以下模式。

（1）"中心＋企业＋平台"模式，以江西省中药生产力促进中心为代表，依托江西德上科技药业有限公司，利用江西省中药产业集成及企业创新信息化服务平台，为园区企业服务。通过依托企业赢利支持中心和平台的服务，在服务中促进依托企业发展，形成了一个相互推进的良性循环（江西省科技厅高新处，2010）。

（2）"中心＋孵化器＋平台"模式，以南昌大学生产力促进中心为代表，通过中心、企业孵化器和服务平台，为园区企业提供了一条龙服务。

（3）"中心＋行业"模式，以江西省机械行业生产力促进中心为代表，中心利用长期服务机械行业优势资源，为园区企业提供了行业专业性科技服务。

（4）"中心＋产业"模式，以资溪县面包生产力促进中心和广昌县白莲生产力促进中心为代表，依托当地支柱产业管理部门面包协会和白莲管理局，为园区企业提供科技创新服务，促进县域支柱产业发展。

（5）"中心＋企业"模式，以萍乡市上栗县花炮生产力促进中心为代表，以烟花鞭炮行业龙头企业萍乡市金坪烟花制造有限公司为依托，利用企业在生产技术方面的领先优势，服务园区企业共同发展。

2. 政策入园子系统与运行机理

科技政策入园是充分利用科技政策引导和支持工业园区企业，有效地开展科技工作，以达到提升园区科技水平的目的。政策入园的主要推动力来自政府支持下专门成立的科技入园工作领导小组，由该小组制订科技入园工作实施方案，从组织和制度上保障科技入园的顺利实施。此外，相关配套措施的完善，也决定了政策入园的效果。政策入园通过经费支持、税收优惠等措施，扶持高新技术企业和重点支柱产业的发展，形成产业集聚效应。或者通过争取上级政策，建立国家创新型试点，形成产业集聚。产业集聚效应的扩大，反过来又将有助于政策入园的实施。科技政策入园子系统的反馈流程如图 6-3 所示。

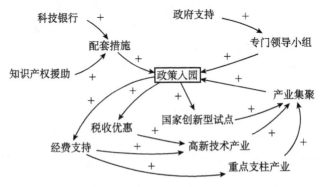

图 6-3　政策入园子系统流程图

政策入园的运行机理概括如下：①来自金融创新领域的科技银行、知识产权援助等，构成了相应的配套措施，形成政策入园的基础之一；②在政府部门的支持下，成立专门的领导小组，作为入园政策的制定者进入反馈流程；③政策入园作用于国家创新型试点企（产）业，推进产业集聚；④政策入园通过税收优惠和财政经费支持等手段，作用于园区高新技术产业和重点支柱产业，促进产业集聚；⑤产业集聚产生的规模效应对未来的入园政策起着导向作用。

3. 项目入园子系统与运行机理

科技项目入园是指园区企业围绕区域特色，通过引入国家、省级或地市级重大科技项目，推动技术和产品创新，促进科技成果，特别是重大高新技术成果产业化。项目入园需结合工业园所在地的产业特点，以高新技术产业和重点支柱产业为主，并受地方经济战略的影响。在政府支持与高校和企业合作的共同促进下，形成一种官产学研结合的模式，在此基础上诞生的重大项目带动战略将推进项目入园的落实。项目入园带来最显而易见的效果是深化了当地企业的品牌创新，在品牌创新意识下形成创新型企业，最终可能演化为当地重点支柱产业，从而与项目入园形成良性封闭循环。科技项目入园子系统反馈流程如图 6-4 所示。

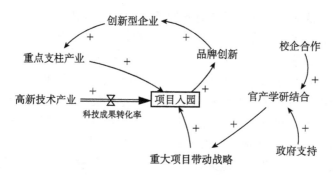

图 6-4 项目入园子系统流程图

项目入园的运行机理概括如下：①在政府部门引导下的校企合作，促进了官产学研的结合，有利于重大项目带动战略的形成，通过启动园区重大项目战略规划实现项目入园；②高新技术产业内的高端技术，可通过科技成果转化，构成可行性入园项目；③项目入园有利于自主品牌的培育，形成创新型企业，成为重点支柱产业，最后产业内的新产品、新技术又可作为入园项目的原动力，推动项目入园。

4. 服务入园子系统与运行机理

科技服务入园是指通过搭建科技服务平台，建立专业服务机构，加强科技培训等方式，提高园区科技与经济结合度，保障科技入园各措施的顺利进行。结合江西省实际情况来看，科技服务平台大多是依托于生产力促进中心，通过中心数据库系统建立起来的。其中，主要应用的数据库有专家人才库、技术成果库、企业供需信息库等。科技服务入园子系统反馈流程如图 6-5 所示。

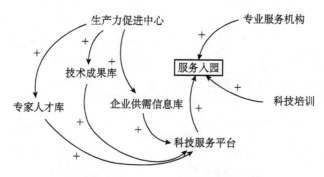

图 6-5 服务入园子系统流程图

服务入园的运行机理概括如下：①相关的专业服务机构可直接服务园区企业；②通过加强园区企业的科技培训，带动服务入园；③生产力促进中心通过专家人才、技术成果、企业供需信息等数据库，完善科技服务平台的数据资料，最终通过科技服务平台强大的供求信息、资源数据等服务园区企业。

在服务入园实践方面，形成了县（区）级生产力促进中心服务网络。江西省宜春、抚州、萍乡等地面向园区，面向特色产业，以行业为主，兼顾其他。通过有效整合市、县（区）两级科技资源，依托科技情报机构、重点企业等实体，组建综合性中心和行业（专业）性中心，把服务延伸到需求量更大、现实需求更迫切的县（区），积极鼓励引导县（区）科技局建设自己的服务阵地，鼓励引导科研院所、行业协会、龙头企业等，实行"两块牌子一套人马"，利用现有资源和技术优势组建生产力中心，为当地一县（区）一业提供了支撑。现已形成了市、县（区）联动，综合性服务与行业（专业）性服务相互补充的遍布各类园区的服务网络。

5. 人才入园子系统与运行机理

科技人才入园是指根据当地企业需求，外聘专家学者或引进专业人才，不仅可以提升园区企业技术技能，还对当地提高科技成果转化率有着重要意义。入园人才主要来自以下几种渠道：政府支持下的重点实验室和人才培养计划，柔性流动方式下的专业人才，在政策吸引下建立的创新型团队和直接入企指导的专家。高校与企业的合作，促成了技术与产业的对接，为专家入企指导提供了条件。生产力促进中心在协助人才入园方面也起了重要作用。中心内的专家人才库、个人求职库都为人才入园提供了支持。而人才入园形成规模以后，又将对完善生产力促进中心起到积极作用。科技人才入园子系统反馈流程如图 6-6 所示。

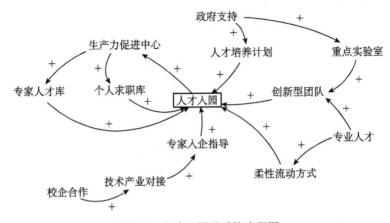

图 6-6　人才入园子系统流程图

人才入园的运行机理概括如下：①生产力促进中心建立的专家人才库、个人求职库带来了入园人才的信息资源，人才入园推进后伴随着大量人才的引入，又将进一步完善生产力促进中心的信息资源；②在政府支持下建立地区的人才培养计划，培育的人才服务园区企业；③由政府财政拨款建立重点实验室，并在相关专业人才的共同作用下，成立若干个创新型团队，以团队的形式实现人才入园；④相关专业人才还可以以个人的形式，通过柔性流动的方式，作用于园区企业；⑤校企合作形成技术产业的良好对接，产生大量实践经验丰富的专家学者，通过专家入企指导推进人才入园。

上述五个子系统综合起来，就构成了科技入园的总体模式，如图6-7所示。该总体模式研究的主要问题是影响科技入园的战略决策，利用总模式模型和五个子系统流程图，可以进行相关因素分析。通过对子系统及总体模式的模型构建，科技入园模式中主要的因果反馈关系概括如下。

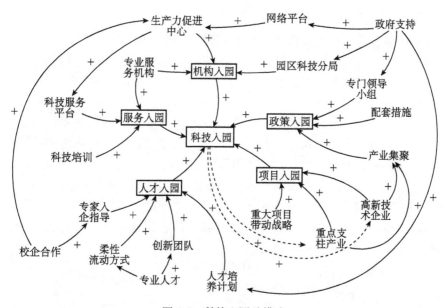

图 6-7 科技入园总模式

（1）生产力促进中心对科技情报的信息起着直接作用，科技情报又推动着网络平台的建设，促进了产品推介基地的规模的同时，提高了生产力促进中心的水平。

（2）生产力促进中心通过数据库系统，搭建了科技服务平台。该平台直接助力于服务入园，并最终服务科技进入工业园。

（3）政府通过建立园区科技局，扶持网络平台，改善融资环境，协助了机构入园，通过成立专门科技领导小组，指导政策入园。在园区优惠政策下，积极吸引外部专业人才，实现人才入园。

（4）项目入园后可能带来地方品牌创新，品牌创新是创新型企业建立的基础之一，而创新型企业的发展壮大可能形成产业规模，并最终成为当地重点支柱产业。

（5）高新技术产业、地区重点支柱产业对实施重点项目入园有直接关系，项目入园是科技入园较为直观的成效体现，科技入园形成规模之后，又将推动各地高新技术产业和重点支柱产业的发展。

（6）高校与企业之间的合作，形成的技术产业对接，不仅有助于推动产品设计、提高产品试制转化率，通过对生产力促进中心的完善深化机构入园。还能为专家学者进入企业指导提供便利，加强人才入园的系统。

（二）科技入园纵深化实践与模式创新

萍乡市作为国家首批资源转型试点城市，萍乡市通过积极探索，发掘了一条具有萍乡市特色的科技入园模式。从思想上来看，始终坚持着以创新为主线，科学发展、有所侧重的思路。从实现途径来看，充分考虑萍乡市自主知识创新和原始研发能力较弱的现实，执行"引进吸收再创新"的策略，大力推进对外科技大开放。以此一系列方式方法，带领萍乡市逐步走上科技进步。因此，科技入园不仅成为提升萍乡市整体科技创新能力的重要途径，还成为推动这座城市科学转型的强大助力。以下就该市的具体情况，结合上述科技入园总模式图，进行科技入园在地方拓展模式的分析。萍乡市的科技入园模式在依托机构入园、政策入园、项目入园、服务入园和人才入园五方面的总模式下，还增添了资金入园的新角度，构建了具有当地特色的科技入园纵深化模式。并且在各子系统的具体实施方面，也有独特的做法。

1. 萍乡市科技入园实践

1）机构入园实践

据江西省科技厅高新处 2010 年统计资料显示：萍乡市有 16 个重点建设生产力促进中心，是全省最先成立县（区）级生产力促进中心的设区市，也是最先建立和完善生产力促进中心服务体系的地级市。萍乡经济开发区在经贸大厦为市生产力促进中心免费提供了 100 平方米的办公室，配备了完善的办公设施。2010 年 4 月，生产力促进中心正式进驻萍乡经济开发区，市生产力促进中心遣派五位专业技术人员长驻开发区，协助开发区生产力促进中心一道工作，并制定了各项工作制度，明确了工作职能，主要为园区企业提供技术信息咨询、项目申报、项目查新、对外科技合作、人才引进和培训等技术服务（江西省科技厅高新处，2010）。

在专业服务机构的完善方面，2010 年，萍乡市加大投资力度，在已有市生产力促进中心、开发区生产力促进中心和市创新创业服务中心三家机构的基础上，引进了留学人员创业创新服务中心、知识产权工作站、高新技术产权交易中心、科技风险融资服务中心、律师事务所、会计事务所等 10 家专业服务机构。进一步完善机构入园的同时，为企业科技创新提供了一站式服务。

重点引进和组建了 20 家创新能力强的研发机构入园，如北京理工大学萍乡精密机电产品研发中心、江西省化工填料工程技术研究中心、江西省混凝土外加剂工程技术研究中心、江西省电瓷工程技术研究中心、萍乡市特种陶瓷研发中心等。

根据地方经济和产业特色的不同，为有效整合各方面的资源和资金，入园机构采取了灵活机制、形式多样的方式。从主体建设上看，有政府出资建设、事业单位性质的，如市、县（区）生产力促进中心；有政府主导、龙头企业参与建设的，如萍乡市工业陶瓷生产力促进中心；有政府和产业联盟共同打造的，如萍乡市电瓷生产力促进中心；有龙头企业主导建设的，如萍乡市水稻种业生产力促进中心和大多数工程技术研究中心、企业研发中心；有政府和高等院校、科研院所共建的，如湖南大学萍乡发展研究院，萍乡市花炮行业生产力促进中心；还有完全民办性质的，如萍乡市创新创业服务中心等。在科技入园的总体规划下，萍乡市执行机构入园先行的策略，将上述生产力促进中心、服务和研发机构优先入驻工业园（开发区），为之后的政策、项目等方面入园做好铺垫。

2）政策入园实践

2009 年，萍乡市政府出台了《关于实施科技创新"六个一"工程的实施意见》《萍乡市产业和区域科技创新平台建设方案》，市有关部门联合下发了《萍乡市科技人员入园入企行动工作方案》。2010 年，市委、市政府出台了《关于加快科技创新，推进创新型经济发展的工作意见》，市政府出台了《关于进一步推进科技入园工程的意见》。为使上述两个文件落到实处，市政府还配套出台了《萍乡市本级科技创新专项资金使用管理实施细则》，每年列支 1000 万元专项资金用于扶持科技机构、科技人才、科技项目入园入企，并对自助额度做出了具体规定。

在经费支持方面，为鼓励科技机构、人才、技术入园开展服务，建立和制定了一系列优惠政策，如对科技服务机构、孵化器、科技园实行扶持补助政策；科研成果在园区内实现产业化以后，所产生的税收地方财政所得部分将 20% 返还给研发有功人员等。萍乡经济开发区管委会还制定了《开发区专利申请资助资金管理办法》《开发区专利奖励办法》等，规定萍乡经济开发区管委会每年将从区财政预算中安排部分资金用于对单位和个人专利申请的自主、授权专利的奖励。

政策能否有效落实，与政府的支持力度是密不可分的。萍乡市政府坚持党政一把手亲力亲为，建立了"书记抓书记""市长抓县（区）长"的工作机制，组织科技创新方面的专题调研、专题研讨会、专家座谈会和产业技术对接洽谈会等。在政府主要领导下，多次进入高校、沿海企业，为企业找项目，为项目找技术。市科技局党组还从园区和企业发展需要出发，成立了科技入园工作领导小组，统筹全市的科技入园工作，将工作任务分解到市、县（区）、乡三级地方政府。

除了上述直接推进科技入园的政策之外，还建立了检查督促机制，在 2009年以文件的形式，对各县（区）和各部门引进技术、项目、机构、人才、资金等具体入园任务进行了分解，并由市政府办公室和科技局共同实施检查督促。

3）项目入园实践

项目入园既是科技入园的构成要素，又是科技入园效果的直观展现。入园项目选取的好坏，不仅关系到项目的成败，还影响着科技入园的总体效果评价。萍乡市在入园项目上采取优势项目入园的方针，坚持把技术与地方产业、科技与地方经济结合，着力于提升各级工业园区及其主导的整体技术创新能力，重点支持六大战略性创新产业的发展。

萍乡市是围绕主导和特色产业选取优势项目，实施项目入园的。例如，安源区生产力促进中心是围绕当地四个主要产业，协助企业龙头项目入园；湘东区围绕工业陶瓷组建并重点打造了萍乡工业陶瓷生产力促进中心，帮助该区工业陶瓷企业研发生产技术、申请项目专利；上栗县围绕花炮产业，以市花炮研究所为核心，建设了萍乡花炮行业生产力促进中心，服务该县工业园内的花炮项目。

萍乡市除了从本地特色产业选取以外，还积极响应战略性新兴产业。不同于以往传统产业，积极鼓励新材料、新能源、环保节能、先进制造和生物医疗等产业合作项目进入园区。通过选取各类优势项目入园，逐渐打造了一批科技资源优秀、创新能力强，拥有自主知识产权与核心技术的科技型产业龙头。其中，省级创新型试点企业 8 家，市级创新型企业 21 家。例如，成立于 2006 年的萍乡中天化工填料有限公司，通过引进高科技项目人才，经过 5 年的发展，建立了市级环保催化剂工程技术研究中心，成为一家集国家高新技术企业、江西省创新型试点企业于一身的品牌科技企业。

4）服务入园实践

知识产权援助。在萍乡经济开发区内设立了知识产权工作站，并制定了知识产权工作站服务流程、服务范围，为企业开展专利申请、技术创新等方面服务。还成立了萍乡市科技项目受理服务中心，专门为园区企业申报计划、立项、专利申请、项目申报等方面提供帮助。

融资服务。科技投入少、融资难是制约园区企业创新能力和水平的重要瓶颈。为了扩大企业融资渠道，在省科技厅的帮助下，设立了科技风险担保中心，积极为园区科技企业提供科技融资服务。通过融资服务推动科技创新和创新成果的转化，孵化科技型企业。

组织科技交流。由市政府、科技局牵头，组织企业参加与高等院校或专家见面的交流会，促进产业与技术的对接，在陶瓷产业、机械与汽车制造业、新材料等几个领域进行校企合作，促成诸多高校研究中心在萍乡高新技术研究中心落户。

夯实科技服务平台。由生产力促进中心派遣人员进入园区，对企业进行全面摸底。在了解企业基本情况、技术需求、项目需求等方面的情况下，建立了萍乡市科技型企业库、萍乡市在外专家库和萍乡市企业项目需求库。帮助企业引进急需的人才技术，组织高等院校与企业对接，促进技术成果产业化和产品的升级。

"一网两库三台账"。对国家级经济开发区综合科技创新平台进行重点扶持，引进了一批技术开发、科技中介、科技融资、知识产权代理等服务机构，建立了"一网两库三台账"的模式。利用该模式，立足园区，服务全市。

5）人才入园实践

柔性流动服务方式。为吸引创新人才和创新团队入园服务，萍乡市采用柔性流动服务方式，并不要求专家学者常驻园区企业，而是根据项目需求或技术瓶颈，有针对性地合作。通过这个方式，共引进院士 10 名，具有高级职称以上的高层次人才 1000 名，其中博士 106 名，引进特种冶金、药用辅料等在国内具有较大影响力的创新团队 4 个，依靠科技入园促成了萍乡市"院士经济"和"博士产业"的发展。

人才培养计划。萍乡市牢固树立人才是第一资源的观念，大力实施人才强市战略。把发现人才、培养人才、吸引人才、留住人才作为根本任务，建立健全技术等要素参与收益分配的激励机制，重奖有突出贡献的科技人员，通过一系列优惠政策加大对院士、博士等高层次创新人才的引进力度。对于进入园区的高层次科研人才，进行年度津贴和住房补助；对萍乡经济开发区内科研机构、科研人才及创新企业取得的成果进行奖励，通过政策吸引科技人才入园。具体措施如下：对获得省、市级创新企业（团队）称号的，分别给予 10 万元、5 万元奖励；对引进高等院校、科研单位研发机构入园的，对机构落户单位给予 3 万~25 万元奖励；对引进博士、院士和高水平创新团队携项目来萍乡市创业，并产生较好经济社会效益的，分别给予 5 万元、10 万元和 15 万元的奖励。

加强校企合作。本着引进吸收再创新的理念，不断加强对外科技合作。2010 年，先后邀请南京大学、湖南大学专家学者亲临萍乡市，深入企业进行调研，并与该市 100 多家企业开展项目洽谈，有 20 余家企业与院校建立了合作关系，引进各类技术人才 700 多人，其中院士 1 人，博士 28 人。通过校企合作，企业引进转化院校技术成果、合作开发项目 200 多项，还分别与武汉理工大学、北京理工大学、湖南大学共建了萍乡市发展研究院，为该市工业发展，特别是地方重点支柱产业的工业陶瓷、机械、化工、花炮等行业技术创新，产业升级提供了坚实的人才技术支持。

6）资金入园实践

资金是科技入园工作顺利进行的保障，因此萍乡市在推行科技入园的时候，将资金入园作为重要的辅助工具，置入科技入园总模式当中。市政府出台的《萍乡市本级科技创新专项资金使用管理实施细则》中明确了每年列支 1000 万元专项资金用于科技入园的推动，为推进科技入园做了资金保障。2010 年，萍乡市兑现了 1000 万元科技创新专项资金，对 16 个重点建设的生产力促进中心、工程技术研究中心、企业研发中心、合作院校研究院、院士基地和博士创业园给予了 10 万～80 万元不等的资助。对新申报组件的创新平台，经评估实施效果良好的，给予 5 万～20 万元无偿资助；对重点领域建设条件基本完备、实施效果特别显著的产业技术研发平台，给予 50 万～200 万元无偿资助；对获得认定批准的国家级、省级科技创新平台分别给予 10 万元、30 万元奖励。

除了市政府的科技创新专项资金扶持以外，各县（区）政府也增加了对科技入园的投入，据初步统计，土地、房屋等扶持不计，仅各县（区）投入科技入园的财政资金就超过 5000 万元。

2. 萍乡市科技入园纵深化模式

在萍乡市科技入园实践不断探索和推进的基础上，科技入园取得了较为明显的成效。在科技入园总体模式中，科技入园极大地促进了萍乡市重点支柱产业和高新技术产业的发展，如图 6-8 所示。

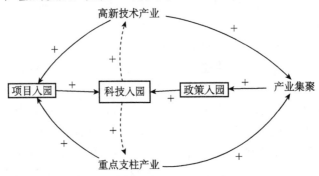

图 6-8　科技入园对产业的系统影响

在科技入园的实施下，萍乡市 2010 年高新技术产业增加值达 84.99 亿元，位列全省第三；高新技术产业增加值占 GDP 的比重达 16.33%，占规模以上工业增加值的比重约 37.29%，位列全省第一。可以说，科技入园工作的有效进行，提升了萍乡市整体科技创新能力，促进了该市传统产业改造提升和战略性新型产业的崛起。萍乡市科技入园的实施未建立统一固定的模式，而是依据对象的异质性，采取了不同的科技服务模式。把科技入园模式进行了纵深化发展，并且形成了纵深化的基层科技服务模式。

1）科技入企的微观企业模式

为了直接有效地服务于企业，提升企业的科技水平和产品附加值，科技入园纵深化发展为科技服务直接进入企业，形成了科技入企的微观企业模式。对于当地龙头企业，科技服务的主要模式是"校企合作，成立技术创新团队"。首先在科技部门的牵线搭桥下，使公司保持与拥有强势专业的国内外高校建立联系，达成技术协作或者长期合作关系。之后，从高校引进相关的高级专业技术人才、研发人员，由企业提供资源，组建"技术创新团队"。该团队负责为企业研发新产品、新专利技术。源源不断地创新技术支撑下，使企业逐步拥有自主知识产权和核心技术优势，领先行业内其他竞争对手。该模式的系统图如图 6-9 所示。

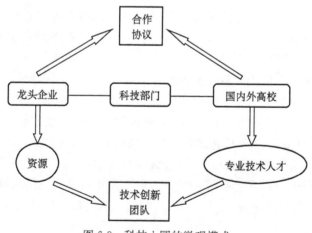

图 6-9　科技入园的微观模式

2）生产力促进中心的中观产业模式

如今，越来越多的地区开始兴建产业基地，将关联企业迁入同一地区，以期形成产业集聚效应。萍乡市的科技服务产业主要通过生产力促进中心来达成。对于同一行业，其技术具有普遍性和通用性的特点，针对这样一种状况，在相似产业的集聚地构建生产力促进中心，提供专业化的技术支持和服务。

生产力促进中心是财政专项资金拨款，用于鼓励产业区企业加快科技创新而建立的。主要包括"四中心一超市"的科技服务框架，即技术服务中心、培训中心、产品展示中心、产品研发中心、人才超市。生产力促进中心的主要职责是协助园内企业进行技术研发、专利申报等工作，为企业推广新技术、新成果。组织企业之间的科技协作，实施人才培养工程，落实园区的优惠政策。以本地高等院校为依托，与高校合办教育培训中心，培养熟练技工。该模式的系统图如图 6-10 所示。

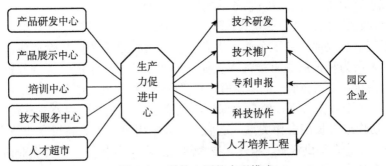

图 6-10　科技入园的中观模式

3）科技服务平台的宏观区域模式

不同于相关产业，在一定地域范围或工业片区内，通过建设科技服务平台来落实科技入园的政策号召。萍乡经济开发区科技服务平台隶属萍乡经济开发区管委会，是由省科技厅批准建立的，具有独立事业法人资格的园区创新服务机构，总投资达 1.5 亿元。科技服务平台是背靠政府，依托院校，面向企业，融合各类服务机构和产学研合作机构的区域性中介平台。它是按照"产业化服务、社会化功能"的要求建立的，不以单个企业或固定产业为服务对象，而是以区域为中心，立足工业园，辐射周边地区。积极协调各类机构入驻，形成综合服务能力，为企业和创业者提供科技中介、信息咨询、合作交流、成果转化、产品研发、技术攻关、专利申请、项目申报、评估论证、人才引进、技能培训、检验检测、创业融资、企业孵化等全方位一站式服务。该模式的系统图如图 6-11 所示。

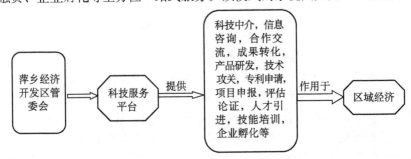

图 6-11　科技入园的宏观模式

四、科技入园模式有效运行的驱动力分析

科技入园模式的有效运行和纵深化发展，必须要有良好的内外动力驱动，以及处理好运行主体之间的关系。科技入园运行机理图如图 6-12 所示。

（一）科技入园模式运行的驱动力分析

科技入园模式的有效运行必须有内外部的驱动力，才保证这一系统得到良性的循环，不断提高服务企业的效果。

1. 外部动力分析

1）良好的政策和制度环境

从各级政府对科技入园模式的认识和定位看，各级政府一直对科技入园模式持积极鼓励的态度，并为之所构建的良好政策制度环境，以及相应的配套措施是科技入园模式发育和发展的主要外部推动力。政府对科技入园的政策措施主要体现在以下几个方面。首先，园区自主创新环境培育。不遗余力地不断加大对工业园区的科技投入力度，推动园区创新主体开展自主创新。其次，构建良好的产学研创新系统。始终坚持不断完善产学研合作机制，把构建自主创新体系放在突出位置。高度重视科技企业自主创新能力提高，加快建设以企业为主体、市场为导向，产学研相结合的自主创新体系（於乾英，2010）。

2）全球金融危机的冲击

从国际和国内经济环境看，科技入园能有效抵御全球金融危机和现代市场竞争等外部经济环境对园区发展的冲击。全球金融危机对传统工业园区的冲击效应进一步凸显了科技入园的必要性和紧迫性。全球金融危机对园区带来的最大的冲击是外部市场的萎缩，企业的订单减少，从而使得企业竞争压力和经营风险加大。特别是科技含量较低的传统型企业的产品在外部市场普遍不景气的情况下，导致科技含量较低的产品出现一定程度的过剩，从而使这类企业面临较大的市场竞争压力和成本压力。现代市场竞争对工业园区的发展提出了新的挑战。在当前世界经济一体化的浪潮下，国际市场国内化和国内市场国际化整合明显，工业园区不再是在一个领域和市场开展竞争，而是面临全方位的竞争，园区企业和园区要想在国际市场享有竞争优势，就必须用科技来全方位改造企业和园区，提升整个工业园区各个主体的科技含量和市场竞争力，仍然依赖传

统方式参与现代市场竞争已经不符合国际潮流。

3）工业园区国际化竞争力影响

从国际和国内经验看，科技入园是现代工业园区的基本特征和通行做法，也是适应现代发展方式的主流发展道路。从国际现代工业园区的发展历史的现实来看，自主创新、科技为先是美国硅谷、日本筑波科学城、中国台湾新竹科技园等世界一流高科技园区的灵魂。这些世界一流的工业园区之所以能持续成为该地区乃至国家经济和科技发展的排头兵，一个重要的原因是其始终坚持把自主科技创新放在突出的位置。坚持科技入园同时也是转变园区经济发展方式的主要手段。工业园区要担负起其所肩负的历史使命，就必须要实现园区发展由外延式发展模式向内生式发展模式转变，在发展动力上由生产要素驱动向技术创新驱动，在建设重点上要从硬环境建设向软环境转变，在发展路径上由强调招商引资向强调自主创新转变，在园区形态上由产业孤岛向现代化的城市新区转变，如图 6-12 所示。

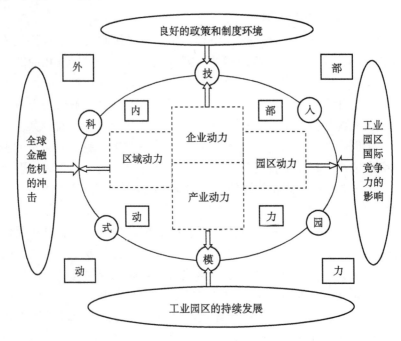

图 6-12　科技入园模式运行的动力机理图

4）工业园区的持续发展

从园区所肩负的历史使命看，科技入园是园区完成国家和地区所赋予其历史使命的主要手段和必然选择。一般而言，一个地区的工业园区都肩负着"发展高科技，实现产业化"的历史使命，成为地方经济社会发展的"发动机""火车头""增长极"和三个文明的示范区的双重任务，是推进自主创新的重要基地。这是各级政府对各种工业园区所赋予的历史使命和责任。这一重大的历史使命要求园区必须始终要成为本地经济和科技发展的领头雁，充分发挥自身的模范领头作用，做好"榜样"效应（中国高新产业技术开发协会，2011）。

2. 内部动力分析

内部动力不仅体现在整个工业园区对科技的需求上，更多地体现在工业园区的参与主体对科技的需求上，如工业园区的企业对科技的需求、科研机构对科技的应用的渴求等（黄小勇，2012）。

1）企业动力

科技入园最终的目的是能够使科技直接服务于企业，因此可以在科技入园基础上探索成立以骨干企业、龙头企业为核心参与主体的"校企联盟"式的技术创新团队。要发挥骨干企业和科研院所作用，加大技术改造和关键技术研发力度。而这也是在引导要探索出科技服务的新模式，而对于当地龙头企业，科技服务的主要模式可以是"校企合作，成立技术创新团队"。

2）产业动力

当前，越来越多的地区开始兴建产业基地，将关联企业迁入同一地区，以期形成产业集聚效应。萍乡市的科技服务产业主要通过生产力促进中心来达成。在赣南地区也在逐渐形成相应的产业集聚，在国家战略规划中提出了，要大力支持产业基地和产学研合作创新示范基地，享受国家高新技术产业园区和新型工业化产业示范基地扶持政策。

3）区域动力

科技振兴面临跨区域难题，为此应探索建立科技入园区域服务模式，这可以解决通识问题。在一定地域范围或工业片区内，通过构建区域化科技服务平台来落实科技入园的政策。科技服务平台是背靠政府，依托院校，面向企业，融合各类服务机构和产学研合作机构的区域性中介平台。

4）园区动力

高校造就了美国的硅谷科学工业园区与波士顿科研中心、日本筑波科学城和英国剑桥工业园。在我国，大学国家科技园在推动科技成果转化，发展高科技、实现产业化、培养创业人才和服务区域经济建设等方面正在发挥日益重要的作用，成为国家创新体系中的一个重要组成部分（王大伟和葛继平，2011）。不容置疑，中国大学科技园从1999年启动建设以来，进行了许多有益的探索，取得了许多成功的经验，得到了长足的发展，呈现出蓬勃的生命力。南昌大学科技园自2001年建设以来，取得了阶段性的建设成效，成为江西省最具品牌效应的产学研结合的创新平台和科技型企业孵化器。在服务区域经济建设和发展中创立了品牌、突显了特色、取得了实效，为江西省区域创新做出了积极的贡献，从多维度促进江西省区域经济的发展（黄小勇，2012）。

（二）科技入园模式运行的主体关系

一般而言，一个成熟的工业园区至少包含以下主体：作为政府角色的园区管委会、园区内的企业、科研机构及一个成熟的科技集散中心（本书将其称为生产力促进中心）。科技入园模式运行的主体间关系，实际上就是这四大主体之间的相互联系及作用的关系（图6-13）。

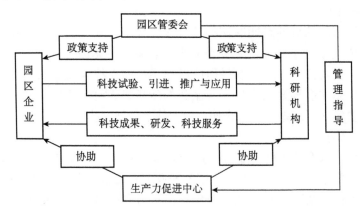

图 6-13　科技入园模式运行的主体行为及其相互关系图

园区管委会。园区管委会是在园区代替政府执行政府职能的机构，不仅为园区企业和科研机构提供政策支持，也在政策框架之内为其他主体的健康发展出台具体的措施，包括财税措施、激励措施、奖惩措施等，这些措施通常为保证科技入园的顺利实施而展开。许多成熟的园区的管委会还未专门设立一个科技集散中心，本书将其暂定为生产力促进中心。园区管委会为生产力促进中心提供指导和管理工作，并通过对这一主体的支持对整个园区的科技进入工作施加影响。

生产力促进中心。生产力促进中心是在园区管委会的指导和帮助下，不以赢利为目的的特殊事业法人，是为中小企业和乡镇企业提供综合性服务的机构。其宗旨是组织科技力量，推动企业特别是中小企业和乡镇企业的技术进步，建立技术创新机制，增强技术创新能力和市场竞争力，从而提高社会生产力水平，使经济发展保持旺盛的活力。其主要功能是提供技术信息、开展技术咨询与诊断、进行技术培训、帮助企业技术创新、协助企业开拓市场。生产力促进中心背靠政府、面向企业、联合社会科技力量，具有特殊的桥梁和纽带作用。

生产力促进中心依托科研院所、高等院校等技术雄厚的社会科技力量，在自身周围形成专家系统。同时，它通过为企业诊断和咨询，了解企业对技术成果的需求，从中牵线搭桥，针对企业多方位、多层次的需求，通过综合集成各种技术和经济资源，实现为企业服务的目标。这种机构提供的服务针对性更强，再加上努力在发展多元化和整体化服务及为企业提供技术创新全程服务方面进行尝试，因此虽然成立较晚，但如果其潜力得到充分发挥，市场机制能得到进一步加强，它将显示出更强的生命力，发挥更大的作用。

生产力促进中心实际上是园区企业和科研机构的中介组织，主要承担着协调二者关系的职能。一方面协助企业更好地利用科研机构优秀的科研成果，使其切实转化为生产力；另一方面更好地集中各种科研力量，充分发挥科研机构的集群效应，发挥规模化的"集智"作用，以更好地为园区企业服务。

科研机构。科研机构不仅是科技入园的主导者之一，更是园区企业科技的提供者，承担着整个园区科技需求的供给者角色。科技融入园区战略能否实现在很大程度上取决于科研机构的工作意愿与工作效率。

园区企业。园区企业对科技的重视和吸收程度直接决定科技入园模式的成败。园区企业一方面为科研机构提供科研灵感、科研素材和科技成果的试验场，另一方面也从科研机构中获取科研成果，并将之应用于实践。园区企业对科研成果的引进、消化和吸收是科技入园对企业的贡献，更为重要的贡献是园区企业能从和科研院所的合作中培养自身的科研创新能力，锻造自身的科研人才，使自身成为真正的科研的主体，充分增强园区的科技活力。

五、科技入园系统反馈模式的实证模拟分析

科技入园工程是否能够有效促进工业园区技术水平的提升，创新能力的增强，这个问题的回答需要对系统反馈模式进行实证模拟。通过收集和整理科技入园效果的相关数据，我们利用系统反馈模式对科技入园系统模式的效果进行了实证模拟。

（一）科技入园建模假设

通过构建一套科学的、具有普遍意义的科技入园模式运行保障机制。建模的目的是根据笔者所取得的调研数据，以江西省为例构建科技入园模拟系统，找到关键的影响因素，并根据仿真结果得出相关的结论，从而提出一套可行的运行保障机制。

（1）本模型以江西省生产力促进中心为主要科技服务机构研究主体，不考虑其他类型的科技服务机构。本模型主要研究政府投入与企业科技创新之间的关系，生产力促进中心背靠政府，是现在政府面向工业园区的主要窗口，因此生产力促进中心最适合。其他科技服务机构与政府的关系较远，也不能形成全面化的科技服务网络，因此影响因素相对较小，不予以考虑。

（2）本书以江西工业园区生产力促进中心2001～2010年的科技入园数据统计为标准，其中2008～2010年为科技入园工程开展年份，模型假设科技入园工程开始于2008年年初，方便模拟仿真。

（3）生产力促进中心正在并且将要建设发展一段时间，因此撤销生产力促进中心的可能非常小，本模型暂不考虑生产力促进中心机构的撤销。

（4）本模型中的科技服务能力的影响因素围绕科技入园来设置，在广泛的意义上来说并不全面、科学，但是涵盖了本书主要研究对象科技入园工程的主要相关因素，研究的是科技入园工程对科技服务能力的作用，符合本书的系统边界大小，因此是合理的，勿以偏概全。其余类似的概念也参照本条假设，考虑的范围在本系统边界之内，只研究与系统关联性比较强的因素，不属于广泛意义上的研究，符合系统动力学建模原则。

（5）本书的常数值是根据无数的测试调试得出的较为贴近现实的数值，但并非是一成不变的，在函数关系式中的常数值将在控制分析中加以修改，以研究常数变化对结果的不同影响。在复杂系统的非线性关系中，没有最完美的函数公式，只有通过不断的模拟测试和积累建模经验才能较为准确地判断当中的关系。为了弥补常数值设置的误差，更加贴近现实情况，本系统中采用了使用表函数功能代替一部分的常数值的方法。

（二）科技入园模式的主要变量分析

江西省为贯彻科技与经济生产活动的结合，实现提高科技创新与科技成果转化的效率，在科技入园中提出"科技五入园"的具体模式。"科技五入园"具体是指科技机构入园、科技项目入园、科技政策入园、科技服务入园和科技人才入园。

科技机构入园是指在工业园区内政府引导建立一系列以生产力促进中心为主的科技服务机构组织，并根据园区的发展情况和企业的特殊需求划定科技服务机构的工作职能和服务内容，进行人才、装备、培训等软硬件综合投入。到目前为止，省内主要的科技服务机构除了有具有一定政府职能的生产力促进中心，还包括企业孵化器、企业网络数据库中心、科技中介服务所、科技交流平台等在内的针对性强的专业科技服务机构。另外，园区科技分局覆盖了实施科技入园的工业园区。考察到国家及省政府的科技投入基本上是针对生产力促进中心的，为了研究政府投入与服务机构之间的关系，因此模型的主要机构的变量设置为生产力促进中心相关及与信息影响相关的科技数据库平台。变量确定如下：生产力促进中心数量、服务技术装备、科技数据库平台建设。

科技政策入园是指政府相关工作者在实地考察、整合资源、整理分析工业园区现状后，对科技工业园区进行有根据的规划和引导，并制定一系列的相关优惠政策，加强园区及周边建设的配套设施，由专门的政府工作小组牵头，以大力支持在工业园区发展高新技术产业、国家创新项目和地方重点支柱产业为目标，开展一系列的政策配套工作，保证科技入园政策的完善和落实，达到预期的科技创新效率。因此，子模块变量应当包含政府的投入意愿、政府的投入、帮扶措施等。变量设置如下：科技创新对经济发展的带动力（即政府对于科技创新的投入意愿）、政府投入、高新技术产业税收优惠、减税作用力、政策驱动力。

科技项目入园是指通过挖掘地方产业特点，政府和企业通过与科技研究机构展开合作，向上级申报争取，积极向园区申请引入产学研研究项目、重大产业项目和上级项目等科技项目以促进企业科技创新，提高工业园区的科技含量和科技成果水平。江西省科技项目入园结合了政府、地方创新型企业、产学研研究组织、地方产业化建设和国家高新技术战略五种因素，体现为三种形式：本级项目入园、上级项目入园和官产学科技项目入园。因此，变量的设置应当涉及政策项目对科技创新的推动力和产学研合作。变量设置如下：政策项目帮扶、产学研合作、引进项目、引进资金。

科技服务入园是加强科技服务机构的服务能力，通过加强生产力促进中心这个主要科技服务载体的硬件设施能力和人员素质水平，为园区企业提供一系列的高水平高技术含量的科技服务，保证园区企业科技创新得到有力的支持。园区科技服务一般分为以下几种：咨询服务、培训服务、人才技术中介服务、信息服务、企业培育服务及技术服务。在量的计算上，每种服务的量化都不同，为了保证各种服务的量化科学及方便于计算，因此服务采用收入比较的定量化计算方法。变量设置包括生产力促进中心的服务能力和科技服务内容。变量设置如下：科技服务人员数量、科技服务人员素质、科技服务能力、服务企业数量、科技服务技术含量、科技创新咨询、咨询服务收入、企业员工培训、培训服务收入、科技人员交流、人才技术中介服务收入、科技情报、信息服务收入、培育科技型企业数量、企业培育服务收入、技术服务收入、科技服务总收入。

科技人才入园包括三个方面：生产力促进中心的科技服务人才、园区企业科技从业人才及对外交流的科技研究人才。人才的引进实质上是科技服务水平素质的引进，人才的交流实际就是科技创新知识的交流。在产学研中，与研究机构和高校的合作也促进了科技人员的交流。科技服务机构的专家人才库也为企业提供了相关的合作途径。变量设置如下：科技服务人员、园区从业人员、企业员工培训、科技人员交流、产学研合作。大部分变量与其他子模块的变量重叠，说明子模块之间是相互关联的。

（三）科技入园系统模型的 SD 流图

根据四个子系统确定的系统边界，结合变量分析中需要研究的变量，通过Vensim 软件建立起科技入园系统与子系统的系统动力学模型。

为了研究科技入园运行系统，根据实际模式理想化下的系统，来设立函数关系。基于系统动力学的企业持续技术创新现实分析函数中的数据来源于生产力促进中心统计数据，以及采用平滑处理的表函数预测数据。常数的设置需根据研究的需要加以改变，以观察不同因素的作用力大小，在模型的控制分析中采用常数、变量等相关因素改动控制方法，同时也使用了自带波动测试函数。模型函数中的常数值为研究的初始设置值。

Vensim 软件的自带函数给变量关系定性和定量的处理带来了极大的方便。在定性化的关系上，模型运用 IF THEN ELSE（条件，1，0）条件判断函数来处理；在定量化的关系上，一些无法描述的函数变化根据历史数据采用表函数的表示方式来设置某些变化"趋势"，比根据直观经验数据来设置更加科学和客观。

1. 机构子系统

机构子系统 SD 流图如图 6-14 所示。

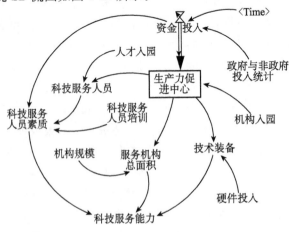

图 6-14　机构子系统 SD 流图

（01）FINAL TIME ＝ 2010

Units：年

模拟的最后时间

（02）INITIAL TIME ＝ 2001

Units：年

模拟的初始时间

（03）SAVEPER＝ TIME STEP

Units：年［0，?］

输出存储频率

（04）TIME STEP ＝ 1

Units：年［0，?］

模拟的时间步长

（05）人才入园（［（0，0）－（311，4000）］，（0，0），（10，118），（15，459），（25，515），（27，531），（28，561），（30，560），（34，614），（112，1484），（116，1567），（310.092，3881.58））

Units：Dmnl

（06）技术装备＝硬件投入（生产力促进中心）

Units：台

（07）政府与非政府投入统计（［（0，0）－（4000，100 000）］，（2001，2350），（2002，6619），（2003，12 006），（2004，11 955），（2005，13 763），（2006，17 709），（2007，20 612），（2008，32 793），（2009，81 477），（2010，91 525））

Units：千元

（08）服务机构总面积＝机构规模（生产力促进中心）

Units：平方米

（09）机构入园（［（0，0）－（91 525，200）］，（0，5），（2350，10），（6619，15），（11 955，25），（12 006，27），（13 763，28），（20 612，30），（32 793，34），（81 477，112），（91 525，116））

Units：家

（10）机构规模（［（0，0）－（375，80 000）］，（0，0），（10，7053），（15，8589），（25，10 943），（27，13 414），（28，10 979），（30，13 950），（34，17 428），（112，38 559），（116，47 512），（138.379，56 578.9），（176.018，63 596.5），（230.263，69 736.8），（289.56，74 035.1），（335.575，76 140.4），（374.856，76 842.1））

Units：平方米

（11）生产力促进中心＝机构入园（资金投入）

Units：家

（12）硬件投入（［（0，0）－（244，4000）］，（0，0），（10，219），（15，705），（25，776），（27，836），（28，1034），（30，1049），（34，1382），（112，2487），（116，2667），（121.853，3052.63），（137.96，3385.96），（161.07，3596.49），（194.685，3719.3），（219.896，3807.02），（244，3877.19））

Units：台

（13）科技服务人员＝人才入园（生产力促进中心）

Units：人

（14）科技服务人员培训（［（2350，0）－（170 740，6000）］，（2350，72），（6619，664），（11 955，488），（12 006.5，490），（13 763，522），（17 709，233），（20 612，303），（32 793，331），（81 477，2187），（91 525，2479））

Units：次

（15）科技服务人员素质＝科技服务人员培训（资金投入）/科技服务人员

Units：次/人

（16）科技服务能力＝技术装备×科技服务人员素质＋服务机构总面积

Units：Dmnl

（17）资金投入＝政府与非政府投入统计（Time）

Units：元

2. 园区科技创新子系统

园区科技创新子系统 SD 流图如图 6-15 所示。

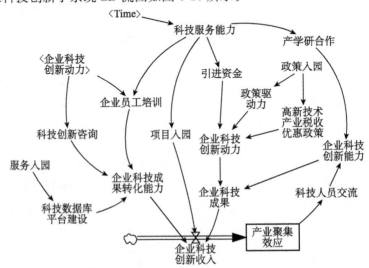

图 6-15　园区科技创新子系统 SD 流图

（01）FINAL TIME＝ 2010

Units：年

模拟的最后时间

（02）INITIAL TIME＝ 2001

Units：年

模拟的初始时间

（03）SAVEPER ＝ TIME STEP

Units：年 ［0，?］

输出存储频率

（04）TIME STEP＝ 1

Units：年 ［0，?］

模拟的时间步长

（05）产业聚集效应＝ INTEG（企业科技创新收入×1e－008，10）

Units：Dmnl

（06）产学研合作＝科技服务能力×0.5

Units：次

（07）企业员工培训＝（企业科技创新动力×0.6＋科技服务能力×0.4）/100

Units：次

（08）企业科技创新动力＝高新技术产业税收优惠政策×引进资金＋政策驱动力×引进资金＋2×引进资金

Units：Dmnl

（09）企业科技创新收入＝（企业科技成果＋项目入园）×企业科技成果转化能力

Units：千元

（10）企业科技创新能力＝产学研合作＋科技人员交流

Units：Dmnl

（11）企业科技成果＝企业科技创新动力＋企业科技创新能力

Units：项

（12）企业科技成果转化能力＝企业员工培训×科技数据库平台建设＋科技创新咨询×科技数据库平台建设

Units：Dmnl

（13）引进资金＝科技服务能力×0.5

Units：千元

（14）政策入园＝1

Units：Dmnl

（15）政策驱动力＝IF THEN ELSE（政策入园＞＝1，1，0）

Units：Dmnl

（16）服务入园＝1

Units：Dmnl

（17）科技人员交流＝（DELAY1I（产业聚集效应，1，0））×5

Units：次

（18）科技创新咨询＝企业科技创新动力×0.4

Units：次

（19）科技数据库平台建设＝IF THEN ELSE（服务入园＞＝1，1.1，0）

Units：Dmnl

（20）科技服务能力＝ABS（20 000×sin（2×3.14 159×Time/12））

Units：Dmnl

（21）项目入园＝科技服务能力×0.5

Units：Dmnl

（22）高新技术产业税收优惠政策＝IF THEN ELSE（政策入园＞＝1，1，0）

Units：Dmnl

3. 科技服务体系子系统

科技服务体系子系统 SD 流图如图 6-16 所示。

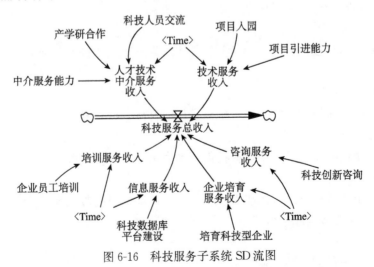

图 6-16　科技服务子系统 SD 流图

（01）FINAL TIME＝ 2010

Units：年

模拟的最后时间

（02）INITIAL TIME＝ 2001

Units：年

模拟的初始时间

（03）SAVEPER＝TIME STEP

Units：年 [0,?]

输出存储频率

（04）TIME STEP＝ 1

Units：年 [0,?]

模拟的时间步长

（05）中介服务能力（[（0，0）－（2332，8000）]，（94，78），（211，6078），（251，1570），（272，4003.8），（275，550），（308，4317.3），（395，277），（462，480），（2073，589），（2332，1112））

Units：Dmnl

（06）产学研合作（[（0，0）－（4000，2000）]，（2001，94），（2002，187），（2003，189），（2004，166），（2005，192），（2006，222），（2007，429），（2008，276），（2009，1429），（2010，1752））

Units：次

（07）人才技术中介服务收入＝中介服务能力（产学研合作（Time）＋科技人员交流（Time））

Units：Dmnl

（08）企业员工培训（[（0，0）－（2.008 91e+006，20 000）]，（2001，312），（2002，557.43），（2003，1452.4），（2004，1211.26），（2005，3835），（2006，770），（2007，701），（2008，906），（2009，10 517），（2010，12 321））

Units：次

（09）企业培育服务收入＝培育科技型企业（Time）

Units：千元

（10）信息服务收入＝科技数据库平台建设（Time）

Units：千元

（11）咨询服务收入＝科技创新咨询（Time）

Units：千元

（12）培育科技型企业（[（0，0）－（4000，4000）]，（2001，6），（2002，

34），（2003，193），（2004，182），（2005，181），（2006，212），（2007，184），（2008，1668），（2009，3322），（2010，3959））

Units：家

（13）培训服务收入＝企业员工培训（Time）

Units：千元

（14）技术服务收入＝项目引进能力（项目入园（Time））

Units：千元

（15）科技人员交流（［（0，0）—（4000，800）］，（2001，0），（2002，85），（2003，119），（2004，45），（2005，59），（2006，53），（2007，33），（2008，119），（2009，644），（2010，580））

Units：次

（16）科技创新咨询（［（0，0）—（4000，40 000）］，（2001，1082），（2002，3220），（2003，2084），（2004，1889），（2005，7877），（2006，5537），（2007，5182），（2008，10 671），（2009，22 912），（2010，19 487））

Units：次

（17）科技数据库平台建设（［（0，0）—（4000，2000）］，（2001，49），（2002，411），（2003，657），（2004，879），（2005，1030），（2006，714），（2007，731），（2008，773），（2009，1347），（2010，1063））

Units：Dmnl

（18）科技服务总收入＝人才技术中介服务收入＋企业培育服务收入＋信息服务收入＋咨询服务收入＋培训服务收入＋技术服务收入

Units：千元

（19）项目入园（［（0，0）—（20 076，4000）］，（2001，3），（2002，9），（2003，7），（2004，15），（2005，11），（2006，8），（2007，6），（2008，6），（2009，36），（2010，54））

Units：项

（20）项目引进能力（［（0，0）—（54，40 000）］，（3，128），（6，6718），（7，4142），（8，6318），（9，2904），（11，6259），（15，29 992），（36，29 595），（54，33 498））

Units：Dmnl

4. 科技入园效益子系统

科技入园效益子系统 SD 流图如图 6-17 所示。

（01）FINAL TIME＝2010

Units：年

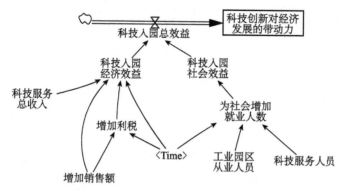

图 6-17　科技入园效益子系统 SD 流图

模拟的最后时间

（02）INITIAL TIME＝2001

Units：年

模拟的初始时间

（03）SAVEPER＝TIME STEP

Units：年 [0,?]

输出存储频率

（04）TIME STEP＝1

Units：年 [0,?]

模拟的时间步长

（05）为社会增加就业人数＝工业园区从业人员（Time）＋科技服务人员（Time）

Units：人

（06）增加利税＝增加销售额（Time）×0.1

Units：千元

（07）增加销售额（[（2001, 0）－（2010, 2e＋007）]，（2001, 30 400），（2002, 255 194），（2003, 429 969），（2004, 366 920），（2005, 460 027），（2006, 652 278），（2007, 827 862），（2008, 865 250），（2009, 1.751 17e＋007），（2010, 1.619 01e＋007））

Units：千元

（08）工业园区从业人员（[（0, 0）－（4000, 200 000）]，（2001, 320），（2002, 9077），（2003, 9832），（2004, 10 586），（2005, 10 138），（2006, 8602），（2007, 11 365），（2008, 12 404），（2009, 57 297），（2010, 184 190））

Units：人

（09）科技入园总效益＝科技入园社会效益/2＋科技入园经济效益/2

Units：Dmnl

（10）科技入园社会效益＝为社会增加就业人数×0.03

Units：Dmnl

（11）科技入园经济效益＝增加利税×0.01＋增加销售额（Time）×0.02＋科技服务总收入（Time）×0.01

Units：Dmnl

（12）科技创新对经济发展的带动力＝ INTEG（科技入园总效益，100）

Units：Dmnl

（13）科技服务人员（［（0，0）－（4000，2000）］，（2001，118），（2002，459），（2003，515），（2004，531），（2005，561），（2006，538），（2007，560），（2008，614），（2009，1484），（2010，1567））

Units：人

（14）科技服务总收入（［（0，0）－（4000，80 000）］，（2001，149.6），（2002，11 130.7），（2003，12 845.7），（2004，40 230.3），（2005，20 552），（2006，141 01），（2007，13 996），（2008，32 275），（2009，68 282），（2010，71 440））

Units：千元

5. 科技入园整体系统

科技入园整体系统运行 SD 流图汇总如图 6-18 所示。

（四）模型仿真分析

将历史数据与函数关系输入系统，执行运行操作，得到系统输出结果，根据执行的控制对关联变量进行修改，得到二次输出模拟控制结果，如图 6-19 所示。

1. 机构子系统仿真控制研究

将机构子系统执行运行，得到的结果为科技入园工程实施后对科技服务能力的影响。可以看到，科技服务能力主要受三个要素影响：技术装备、服务机构覆盖面和科技服务人员素质。技术水平、服务机构与服务人员素质分别受到资金投入、硬件投入、机构入园、人才入园等因素的影响。可以看出，科技服务能力曲线图表在 2007 年之前是缓慢波动增长趋势，2007 年以后，即2008～2010 年科技入园工程实施后，科技服务能力曲线突然出现拐点，斜率增大，增长速度提高，直到 2009 年前后增长势头稍微放缓。资金投入、技术装备在 2003年有一个小幅提高，之后处于低速增长水平，2008 年后受到科技入园的影响，投入量增长明显，科技服务能力在 2010 年达到 10 年高峰值。

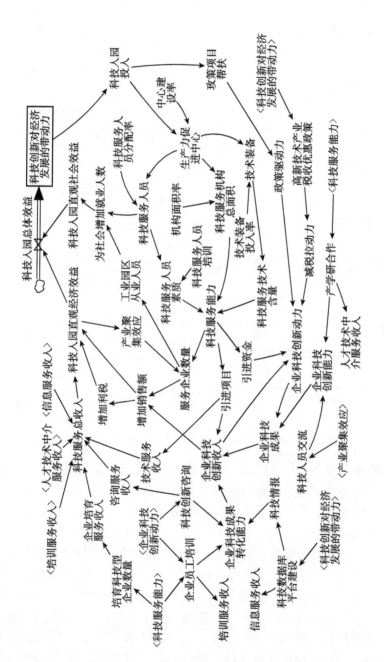

图6-18 科技入园整体系统SD流图

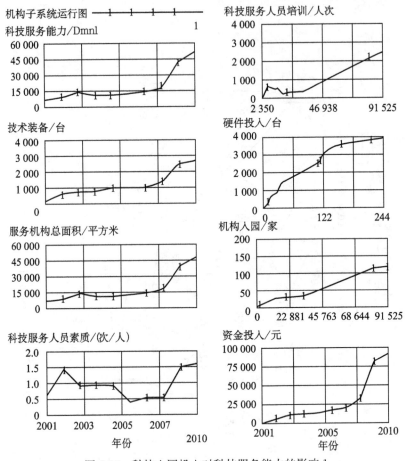

图 6-19　科技入园投入对科技服务能力的影响 1

　　由于前期科技服务人员数量较少，因而科技服务人员培训变化趋势不明显。之后由于科技服务人员数量不断增加，虽然培训的次数也逐渐增加，但是培训的加强力度没有跟上，所以服务人员的平均素质逐渐下降。直到科技入园工程实施后，人才入园提倡大力加强科技服务人员的培训，培训的次数比往年上升幅度提高，因此科技服务人员的增加与平均素质在 2007 年后都较为明显地提高了，服务人员平均受培训的次数也恢复到 2002 年前后的平均每人每年两次的水平。硬件的投入前半段使用了科技入园的统计数据，后半段采用表函数预测模拟，代表硬件投入逐年增长的情况下，科技入园工程使硬件投入增长趋势有了一个显著的增长变化，到达一定的水平后又逐渐放缓，因为生产力促进中心的硬件投入达到饱和后，只根据设备的折旧和科技创新来进行更替。因此，未来的硬件投入增长速度较建设初期的增长速度要缓慢。

为了更好地研究本系统中的主要因素，对科技入园投入执行控制模拟，将科技入园的机构入园、人才入园等因素停止产生作用力，取消变量函数关系，得到模型的二次仿真结果，如图 6-20 所示。

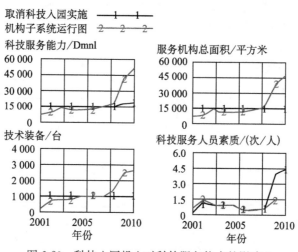

图 6-20　科技入园投入对科技服务能力的影响 2

当取消科技入园投入之后，生产力促进中心建设随之停止，技术装备投入量也停止增长，而科技服务人员素质因为人员数量的保持而培训的次数增加，反而有了提高，这种单方面的提高虽然有一些效果，但是在现实中是不能为科技服务水平带来多大提升的，因为人员的数量增长停止，只增加培训的次数并不能够推动科技服务能力显著提高。因此，图表中科技服务能力只是有了微小的增长，相比科技入园工程所带来的影响相去甚远。

2. 园区科技创新子系统仿真控制研究

设置科技服务能力函数值与机构子系统的正常运作情况下保持一致，默认政策入园、服务入园是进行中的，执行运行模拟命令，得到结果如图 6-21 所示。

企业科技创新收入、企业科技成果、企业科技成果转化能力在 2003 年都有小幅增长点，原因可能是当年江西省取得了国家级示范点。之后的趋势是缓慢增长，但产业聚集效应随着不断的累积，增长的斜率要高于其他因素。在 2008 年的时间点上，企业科技创新收入随着企业科技成果的不断创新有了大幅度提高，其增长程度要高于企业科技成果的增长程度，说明企业科技创新收入的来源不仅仅是依靠企业科技成果，也与别的因素如科技入园产生的项目帮扶和科技成果转化能力有一定的关系。企业科技成果转化能力的增长强度要小于企业科技成果的增长强度，体现了科技成果的指数增长特征，即科技创新能力在一个范围内增长的时候，边际成果会随着能力的提高而增大，2009 年和 2010 年的科技成果量就体现了这一点。产业聚集效应在 2009 年才出现大幅度的增长拐点，说明科技入园具有一定的滞后性，即信息的扩散需要系统运行一段的时间，才会逐渐产生效果。因此，科技入园工作所带来的成效有些立即就能体现在具体的数据上，但是要对经济基础产生性质上的变化，还需要一定的时间，所以科技入园工程应当坚持贯彻，政策激励不能中断。

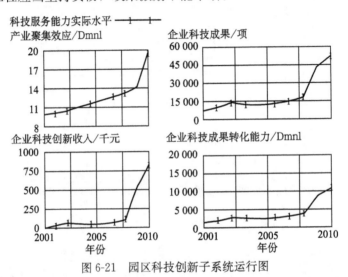

图 6-21　园区科技创新子系统运行图

科技入园的投入除了资金、硬件设备投入，还包括政策投入和服务投入。在本子系统中，企业科技创新收入是反馈环路的主要综合点，同时系统包含了政策激励和服务投入两大关键信息链，因此本系统将针对激励与服务水平执行控制模拟。

当政策激励和服务帮扶停止的时候，科技服务水平实际上是停留在了一个水平的阶段，如图 6-22 所示。图表曲线水平均保持在 2007 年科技入园工程实施之前的水平。为了保证园区的基本科技创新量，将项目数量稳定在 2005～2006 年平稳增长的水平。选取前后差距较大的几个因素，科技人员交流前期随着产业聚集的基本效应从零开始小幅增长，到达一定水平之后便产生停滞现象。失去了政策的项目帮扶，企业的科技成果也只是维持在低量的水平状态。产业聚集效应前后差距明显，说明科技入园的激励政策具有非常良好的效果，在实际操作中要转变传统的思想观念，放任自由不是发展经济的最好途径，不能忽视激励对创新能动性的影响，激励政策不仅仅能够促进科技的交流和科技成果的结晶，发挥政府的调控作用对产业聚集效应也有意义深刻的影响。

主要信息输出保持在水平状态，较为单调，因此在控制分析中将再次改变科技服务能力的函数值，对科技服务能力进行 sin 函数的脉冲，观测科技服务能

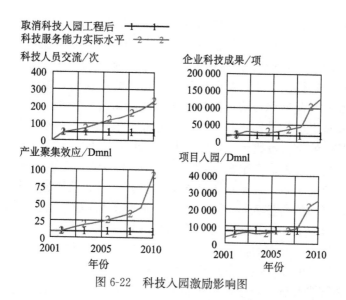

图 6-22　科技入园激励影响图

力在 sin 脉冲测试函数中的变化，对结果所产生的影响，如图 6-23 所示。

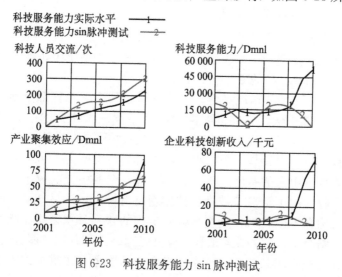

图 6-23　科技服务能力 sin 脉冲测试

对科技服务能力实行 sin 函数脉冲测试，sin 函数取绝对值。如图 6-23 所示，设置其中 2004 年和 2010 年为 0，2001 年和 2006 年达到峰值 20 000，这个数值和周期观察变化能够更加明显。在科技服务能力的控制变化下，企业科技创新收入呈现了同样的变化趋势，但是起伏程度低于科技服务能力的波动，而且曲线出现了较为平滑的特性，说明企业科技创新收入对科技服务能力确实存在一定程度的依赖，但是科技创新收入的变化在基础能力的支持下具有一定的缓冲能力。在科技服务能力为零的影响下，产业聚集效应并没有出现同样的下降，而是经历了一个平台期，随着科技服务能力的再度提高，迎来了另一个增长期，之后随着科技服务能力的下降，产业聚集效应增长趋势放缓，失去原来的强指数增长的特性。总体趋势上来说，产业聚集效应是不断增长的，现实情况中也许还有别的因素影响产业聚集效应，但不在本系统的研究范围内，因此产业聚集效应增长曲线只是说明科技服务能力对其的小幅增长影响，说明的是"趋势"问题，而不是具体的量。虽然科技服务能力 sin 脉冲在 2004 年的时候低于正常的能力水平，但是科技人员交流在 sin 脉冲的作用下并没有低于原来的增长趋势。在产业聚集效应的影响下，园区入驻企业和科研人员将会不断增长，这将促使园区企业进行更多的科技人员交流，大多数情况下是弱指数型增长，但是在科技服务能力的影响下产业聚集效应没有达到一定的规模水平，科技人员交流没有出现指数增长，而原有的科技人员交流正是表现出弱指数型增长性态。另外，系统为了模拟信息的滞后性，在模型中加入了 Delay（延迟）函数，由产业聚集效应所引起的科技人员交流较产业聚集效应延迟一年，从相同的趋势变化上就能看出。

3. 科技服务子系统仿真控制研究

科技服务子系统的主要变量是采用收入来进行量化的。具体的服务项目、服务手段在园区科技创新子系统中有具体的变量。本系统中将研究科技服务的力度和科技服务组成结构的变化，如图 6-24 所示。

从各种服务收入量的情况来看，每一种服务的变化趋势都是不一样的，说明总体服务的侧重比例在不同的时期也有所不同。人才技术中介服务收入在 2005 年之前有一个高峰，而 2005 年以后却是一个平缓的低潮，甚至在 2008 年科技入园工程之后，也只是一个很小幅度的提高，说明为了帮助和激励企业科技创新，人才技术中介的费用近年来有所下降，企业中介的成本在降低，因此人才技术中介收入的下降对于鼓励科技创新是有好处的。另外，也说明其他科技中介服务机构在不断壮大、企业和科研机构的联系日益密切、产学研长期合作比例较高。结合信息服务收入来看，也可以理解为随着信息服务的不断发展，人才技术中介的成本越来越低，人才技术中介的服务费用增加到了信息服务的费用中，因此信息服务收入的增长性态较为稳定，波动周期可以看做是部分合作的周期。企业培育服务收入和科技培训服务收入在 2008 年科技入园工程之前的增长都十分平缓，在 2008 年时间点后发生了性质上的变化，出现了强势的增幅，并在时间结尾达到了 10 年来的最高峰，是科技入园模式中的服务入园，培育科技型企业及为企业培育科技型员工，将科技真正转化到生产第一线的结果。咨询服务收入曲线变化趋势与培训服务收入趋势比较相似，除了其余影响因素外，说明随着企业科技创新素质的不断提高，企业对于科技咨询的需求量也在

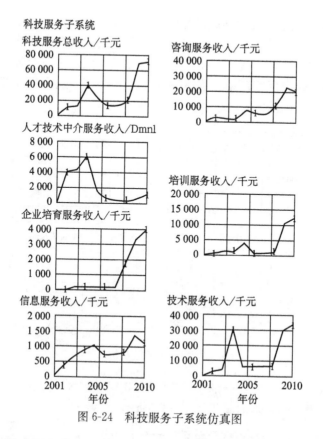

图 6-24　科技服务子系统仿真图

成比例增大。技术服务收入在 2004 年和 2010 年达到峰值，而且幅度较大，受到技术服务收入的影响，服务总收入的变化趋势也大致相同，结合数值的大小，可以看出科技服务总收入的主要来源是技术服务收入，鼓励企业进行技术创新，也是加强科技服务体系建设的一大途径。

政府可以通过观测服务收入所占的比重，制定服务政策。按发展需要改变不同服务在总服务量中的比重，充分满足现有的科技创新需求。这需要针对科技服务进行有规律地监督，不仅监督科技服务的"量"的变化，同时也要关心科技服务"质"的变化，从而使科技服务体系在整体质量上达到一个新的高度。

4. 科技入园效益子系统仿真控制研究

科技入园的总效益在系统中采用了简化的方法来计算，将科技入园工程实施后的经济增量和就业人数增量进行按比例叠加。要说明的是，不论采用哪种比例，并不会改变反馈环路的增减趋势，只会改变趋势的变化程度。

采用 1∶1 的比例运行系统模拟，得到图 6-25。

科技入园效益的大部分面积在 2008 年以后，这是符合实际情况的，但不代

表 2008 年之前, 政府就没有在园区提倡科技服务, 所以 2008 年之前, 科技服务的效益有一定的基础增长量, 2008 年后迎来了成果的收获。科技入园效益子系统仿真控制研究如果对图表进行平滑处理, 可以发现这是一个强指数增长, 在系统动力学里面代表反馈环中有强主导作用的正反馈, 这个正反馈在总体系统中就是科技入园的推动力。

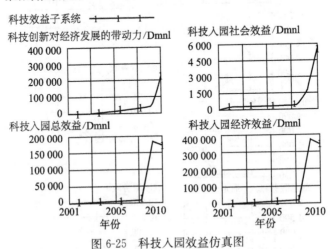

图 6-25 科技入园效益仿真图

对经济效益和社会效益分别采用 7∶3 和 3∶7 的组合比例进行控制模拟, 科技入园的总效益和带动力的变化如图 6-26 所示。

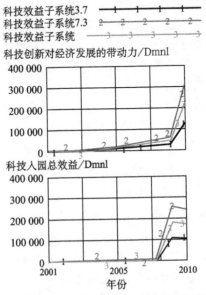

图 6-26 不同比例下科技效益子系统模拟控制分析图

从图 6-26 中可以看出，增加科技入园的社会效益的所占比重只是让曲线的幅度产生不同，并没有对变化趋势产生影响。增加经济效益的比重使曲线达到最高，增加社会效益的比重使曲线达到最低，说明科技入园总效益更加侧重于科技对经济上带来的效益。另外，科技入园的社会效益并非系统研究的重点，只涵盖了为社会增加的就业人数，并不全面，建议相关部门建立科技入园的效果评价机制，这也是模型后续工作中需要改进的不足之处。

（五）模型的检验

系统动力学模型不存在固定的、通用的、十分科学的检验方法。在本系统中所采用的模型检验包括模型的正确性检验和模型的信度检验。模型的正确性检验说明模型结构的正确性和模型的可行性；模型的信度检验说明模型与现实情况一定的复合程度。

1. 模型的正确性检验

模型的正确性检验可以通过 Vensim 自带的检测工具进行检验，包括单位正确性和模型结构正确性。通过检验，两种测试都获得通过，如图 6-27 所示。

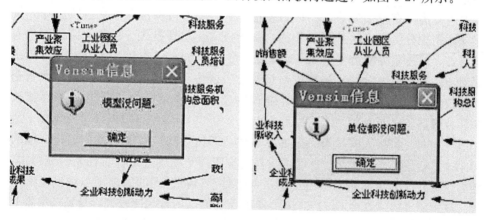

图 6-27　模型检验结果图

2. 模型的信度检验

本模型将根据模型运行方针的结果与生产力促进中心的统计结果进行比较，两者的差距如表 6-1 所示，误差在一个非常小的范围内，说明本系统与实际系统是较为合理可信的。

表 6-1 相对误差

年份	服务总收入/千元			年份	增加销售额/千元			年份	增加社会就业人数/人		
	实际值	模拟值	相对误差		实际值	模拟值	相对误差		实际值	模拟值	相对误差
2001	1 496	1 655	0.11	2001	30 400	30 400	0.00	2001	438	420	0.04
2002	11 130.68	11 130.2	0.00	2002	255 194	255 191	0.00	2002	9 536	9 540	0.00
2003	12 845.7	12 845.7	0.00	2003	429 969	429 969	0.00	2003	10 347	10 350	0.00
2004	40 230.26	40 231.3	0.00	2004	366 920	366 920	0.00	2004	11 117	11 120	0.00
2005	20 552	20 752	0.01	2005	460 027	460 001	0.00	2005	10 695	10 700	0.00
2006	14 101	14 101	0.00	2006	652 278	652 266	0.00	2006	9 140	9 140	0.00
2007	13 996	13 996	0.00	2007	827 862	827 852	0.00	2007	11 925	11 980	0.00
2008	32 275	31 013	0.04	2008	865 250	865 200	0.00	2008	13 018	13 000	0.00
2009	68 282	68 282	0.00	2009	17 511 731	17 511 700	0.00	2009	58 781	58 780	0.00
2010	71 440	71 440	0.00	2010	16 190 145	16 190 100	0.00	2010	185 757	185 800	0.00

(六) 模型的研究结论

通过系统反馈模型仿真分析，其研究结论主要体现在以下几个方面。一是通过对机构子系统进行仿真控制研究，得到的结果为科技入园工程实施后对科技服务能力具有较强的影响。技术装备水平、服务机构覆盖面和科技服务人员素质水平充分影响了科技服务能力，资金投入、硬件投入、机构入园、人才入园越好，科技服务能力就越强，这一现象可以从 2003 年和 2010 年的模拟分析结果看出。二是通过对园区科技创新子系统进行仿真控制研究，研究结果表明企业科技创新收入的来源不仅仅是企业科技成果，也与科技入园产生的项目帮扶和科技成果转化能力有一定的关系，2009 年和 2010 年的科技成果量就体现了这一点。同时，科技入园具有一定的滞后性，即信息的扩散需要系统运行一段的时间，才会逐渐产生效果。三是通过对科技服务子系统进行仿真控制研究得出，随着企业科技创新素质的不断提高，企业对于科技咨询的需求量也在成比例增大。技术服务收入在 2004 年和 2010 年达到峰值，而且幅度较大，受到技术服务收入的影响，服务总收入的变化趋势也大致相同，结合数值的大小，可以看出科技服务总收入的主要来源是技术服务收入，鼓励企业进行技术创新，也是加强科技服务体系建设的一大途径。四是通过对科技入园效益子系统进行仿真控制研究得出，科技入园总效益更加侧重于科技对经济上带来的效益。另外，科技入园的社会效益并非系统研究的重点，只涵盖了为社会增加的就业人数，并不全面，建议相关部门建立科技入园的效果评价机制，这也是模型后续工作中需要改进的不足之处。

参考文献

陈薛孝、黄小勇 . 2012. 南昌大学国家大学科技园对区域经济发展影响研究 . 企业经济，（5）：
  122～125

黄小勇 . 2012-09-21. "科技入园"纵深化模式助推原中央苏区科技振兴 . 光明日报（理论版）

姜超 . 2012. 基于系统动力学的江西"科技入园"运行机制研究 . 南昌：南昌大学硕士学位
  论文

江西省科技厅高新处 . 2010. 关于印发《江西省生产力促进中心"十二五"发展规划纲要》.
  赣科发高字〔2010〕126 号

王大伟，葛继平 . 2011. 大学科技园促进区域经济发展研究 . 中国高校科技与产业化，（3）：
  78～80

王海 . 2011. 江西省科技厅王海厅长在 2011 年"科技入园"工作经验交流会上的讲话 .
  http：//www. jxstc. gov. cn/ReadNews. asp？NewsID＝5484〔2011－03－21〕

於乾英 . 2010. 浅析政府在推进工业园区（开发区）可持续发展中的职能和作用 . 上海党史
  与党建，（1）：57～59

中国高新技术产业开发区协会 . 2011. 关于创建世界一流园区的研究和思考 . http：//
  www. chinaastip. org/news. asp？id＝2559〔2011－05－10〕

科技入园有效运行的
支持机制

第七章

　　科技入园以科技为基础，以生产力促进中心为主要载体，以"科技五入园"为服务平台，实现工业园区企业与科技相对接，从而促进科技成果转化为现实生产力，实现园区经济有效发展。科技入园要实现持续有效运行有必要在上述科技入园系统模型分析和仿真的基础上，构建科技服务体系运行机制。

　　"机制"（mechanism）一词最早源于希腊文，原指机器的构造和运作的原理。现在人们将"机制"一词引入经济管理等社会科学的研究，用来表示一定经济社会机体内，各构成要素之间相互联系和作用的关系及其功能。因此，机制就是以一定的方法把事物的各个部分联系起来，使它们协调运行而发挥作用的运作方式。

一、科技服务体系运行机制构建的必要性

（一）有助于加强科技服务入园的规范性运作

　　工业园区的一系列科技服务需要完善的科技服务机制体系加以规划和支撑。多数园区已不是自发行为的产物，而是一开始就采取了有计划、有步骤的建设，主要由中央政府直接主持科学工业园区建设的统一布局、统一规划，并进行直接投资，加强科技立法，促进科技发展。

　　江西省科技入园的基本模式有机构入园、政策入园、人才入园、项目入园和服务入园五类，科技入园机制体系的建立是为了保证科技入园模式的有效运行。工业园区在进行机构建设、科技成果转化、咨询评估、科技人才培训、项目引进、融资招商等各种活动时，必须要有相应的机制规划引导、监督制约来加强科技入园运作的规范性，保证各项政策落实到位，各种工作有序进行、有章可循。科技服务机制的完善不仅能保障工业园区发展的稳定，降低管理上的冲突事件频率，还能通过降低企业在科技成果转化中所承担的风险，促进高新技术的开发和应用，从而提高生产力水平。

在江西省大力推进科技入园、加速江西省生产力促进中心队伍建设的同时，必须强化科技服务机制体系的建设。科技入园机制体系建设能够推动科技入园工程在全省高效、全面地展开，两者相互作用，互动双赢。只有把完善科技入园机制体系作为科技入园的前提，成立一批工作机构，以生产力促进中心为载体，强化中心管理，才能实现科技入园的目的。

（二）有助于发挥科技支撑的合力作用

官产学机构之间文化和理念的差距是导致许多园区政策中出现矛盾和障碍的主要因素（Eto，2005），因而在政策的一致性和机构的协调性方面完善相关的运行机制将有助于增强官产学之间的协力。国外发达国家为提升科技对本国经济和社会发展的贡献率，大都依托科技中介服务机构在科技与经济、政府与科技之间建立起有效的联系纽带。科技中介逐渐成为科技服务园区的重要载体，科技中介的针对性服务促进了世界各国大力倡导的构建官产学协力机制的实现。在发达国家，在政府的牵引下，科技服务机构普遍重视官产学研的协同机制建设，科技服务内容包括科技进步的各个方面，形成技术推广、咨询评估、协会交流、人才培养、项目引进、资金投入、政策咨询等一系列有政府、科研单位、企业共同参与的共生机制。而其发展形式多样、服务内容丰富和服务机制的完善，正是我国各地区（包括江西省）工业园区科技服务体系所缺乏的。

科技入园的相关机制涵盖面广，包括投入、激励、金融、服务、评价和监督等各个方面。要通过政府作用，因地制宜、因势利导地将各种机制进行有机整合，构成有特色的服务体系，综合为一个多方位的共生机制。从而能够更好地发挥科技支撑的合力作用，促进工业园区企业集成创新能力和二次创新能力的提升，实现信息共享，提高资源利用率，突破各种瓶颈限制，提升科技服务能力，提高区域经济的竞争力。

（三）有助于完善区域创新体系和投资环境

评估一个科技工业园区需要考虑以下多方面的因素：与至少一所大学或其他高等教育机构或主要中心研究所有正式关系和业务联系；周围有促进知识型企业和其他组织形成和发展的基础设施；有对在园区内的企业积极提供技术和业务转让的管理职能（Chan and Lau，2005）。这些因素重在强调工业园区与区域创新体系之间的内在联系和相互作用。完善区域创新体系已经是工业园区建设发展的必经道路之一。

科技创新是企业应对市场的本能，是企业生存发展的关键。当前，工业园区企业日益增多，经济快速增长，已经成为工业化的主要载体，企业集聚和产业集群效应已经显现，但也普遍存在科技含量低、科技创新能力不强、经济质量和管理水平不高等问题。从企业自身看，主要表现为技术人才匮乏，创新投入不足，自主创新能力低；从外部发展环境看，主要表现则为政策激励不够，公共技术服务体系不健全，自主知识产权拥有量少且科技含量低，科技成果转化机制有待健全（戴中生，2009）。

在创建良好的投资环境方面，国外发达工业园区提供了先进的政策入园经验：制定出台相关法律提供法制保障，如日本制定了《高技术密集区促进法》，韩国制定了《高技术工业都市开发促进法案》（Lofsten and Lindelof，2002）。同时利用各种优惠政策促进工业园区的发展，一些国家和地区政府专门为科学工业园区制定了若干项优惠政策，主要有：①房地产租售优惠，优惠折扣率一般为10%～30%；②税收优惠，如美国明尼苏达州对区内技术走廊的公司的技术纯收入给予减征30%的课税优惠；③贷款优惠，一般通过银行或设立基金会的方式向园区企业提供低息贷款；④外资引进优惠，如泰国规定外国企业永不收归国有，税后利润可自由汇出。

我国把增强自主创新能力作为科技发展的战略基点，作为调整产业结构、转变经济增长方式的中心环节，以大力提高原始创新能力、集成创新能力和引进消化吸收再创新的能力。这是转变经济发展方式的客观要求，是增强自主创新能力、实现结构调整和产业升级的客观要求。构建科技入园相关机制有利于促进工业园区发展、完善区域创新体系、优化投资环境、深化科技体制改革、推动中小企业创新、转变经济的增长方式，从而推进实现经济社会的可持续发展战略。

（四）有助于提高科技成果转化的效率

科技转化渠道建设及政府相关政策正确的重要性，主要表现在以工业园区为依托，以服务型机构为载体，以政府考虑为大环境，以服务成果为体现。政府站在投资者的角度思考，努力在某个区域内因地制宜的创造出一种能够带动产业集聚的良好的服务政策环境。政府通过引导和鼓励那些为工业企业服务的科技服务机构，如生产力促进中心、科技中介平台、企业孵化器、技术交易中心和科技评估机构等，以创建高科技产业区各生产要素协同网络运行机制为重点，能够有效推动高新技术产业经济的发展。

科技部高新技术发展及产业化司总结认为，我们国家创新体系最薄弱的环节就是科技服务体系不健全、不完善，使得大量的科技成果难以真正转化为生产力，难以形成产学研紧密结合的新局面（耿战修，2010）。目前，我国科技成果转化难、转化率低的症结所在，是科技成果转化体制和机制存在着问题。因此，政府需建立一套科学而行之有效的体系，制定相应更完善的政策与制度，积极引导企业和科研单位共同参与科技成果转化活动，形成健全的科技服务体系运行机制。

（五）有助于完善生产力促进中心的建设

2009 年，科技部颁布了《生产力促进中心"十二五"发展规划纲要》（征求意见稿），明确了生产力促进中心要发展成为"四个载体"的总体目标。科技中介服务体系已成为国家创新体系五个重要组成部分，尤其是后金融危机时代，产业结构升级和培育经济增长新动力对做好科技支撑体系和生产力促进中心建设工作提出了更高更新的要求。遵照国家和江西省颁发的《中长期科学和技术发展规划纲要》及振兴江西经济、以工业化为核心、加强工业园区建设的精神，江西省率先提出科技入园的服务概念，大力倡导机构、政策、人才、项目和服务"科技五入园"的模式。为了改善江西省科技中介运行中存在的不足和保证科技入园模式有效地运行，构建并完善科技服务机制体系成为当务之急。

二、科技服务运行机制的构建

科技入园模式包括科技服务的相关平台，如对企业进行孵化培育的创业平台，进行科技创新合作研发的研发平台，提供信息共享的资源平台。因此，需要建立一套运行支持机制，来提高系统的运作效率。科技服务运行机制主要包括以下几个方面：投入机制、激励机制、金融机制、服务机制、评价机制和监督机制。政府需要制定灵活的投融资政策，并积极发挥财税的作用，鼓励以创业中心为代表的各类创业平台进行体制与机制创新，要在适当时机引入产权制度改革，积极构建符合孵化器产业发展需要的激励机制，主要依托创业与研发平台，通过建设资源共享网络，构建平台的网络体系，实现当地科技条件平台的信息共享。具体的科技服务运行机制构成有以下几个方面。

（一）投入机制

在实践中，地方政府需要考虑如何对所属对生产力促进中心加强支持力度，政府管理部门如何有效地对生产力促进中心的基础建设、能力建设，以及人才队伍、管理水平提高等方面给予重点支持，从而有效地促进科技入园的投入机制更加完善。因此，要在资金等资源投入上加强科技服务资源建设与资源共享，使生产力促进中心具备一定的物质条件。政府引导资源整合，提供一条龙服务。从项目、资金、信息、服务上大力扶持科技创新服务机构的建设；从资金、技术、人才方面建立有效的投入产出机制；为生产力促进中心在为企业提供技术支持、人才培训、市场开拓、创新辅导、管理咨询等多方面的服务运行机制的构建提供物质技术基础。

（二）激励机制

政府有必要建立完善科技入园的激励机制，从技术研发、人才储备、市场开拓、研究资金等方面为企业提供必要的帮助，对先进单位给予政策、资金、税收方面的激励。同时，政府还应积极推行科技成果入股和给予经营者期权的激励制度。这样可以鼓励科技人才进入工业园区，促进园区内科技人才合理流动，促使园区内生产要素合理流动机制的形成，提升科技入园的运行效率。

（三）金融机制

建立多元的融资机制是工业园区健康快速发展的必然要求。对于企业来说，构建完善的金融机制的意义，相当于为企业科技创新提供一个强大而稳定的造血功能，有利于实现科技服务运行机制的可持续发展。

（1）以商业银行、证券公司、保险公司、信托公司、担保公司等金融机构和社会中介服务机构为依托，为科技入园企业打造具有创业资本、银行贷款、融资担保、科技保险和上市辅导等各类金融服务的多层次、多元化、高效率的制度化平台。

（2）发挥商业银行融资的主渠道作用，必要时成立地方性科技银行，对科技入园的企业提供专项贷款支持；由科技部门协调商业银行提供政府贴息贷款；建立贷款风险约束机制与创造优质信贷资产激励机制相统一的信贷管理机制。

（3）调整现行信用等级评定标准，强化贷后管理，建立贷款监测反馈系统；加快科技贷款担保体系建设；由各级金融工作领导小组办公室、省银监局、各级中小企业局为科技型中小企业提供科技担保支持；鼓励成立担保公司提供指令性担保业务、联合担保业务、专项担保业务等多方位担保业务。

（四）服务机制

随着市场经济的发展，科技创新和科技服务日趋市场化。在市场经济体制下政府已经不再完全是提供科技服务的主体，而是更看重社会化科技中介服务机构的发展水平。生产力促进中心是科技中介服务机构的一种类型，它更多是由政府建立的服务型机构，更为直面地接受政府的指导和实现政策的落实。而科技中介服务机构更多的是具有商业性，它们以工业园区的科技进步和科技服务需求为根本，按照商业规则，以"双赢"或"多赢"的利益驱动，自发地充分利用政府资源和更多内外部资源，完善并促进科技成果的转化，帮助企业实现科技创新和管理创新。科技中介服务机构服务的范围较广，它为科技企业提供包括技术贸易、技术转移、技术鉴定、知识产权服务、创业孵化、科技风险投资等全方位服务；有些科技中介机构可以直接参与技术成果的研发工作，为企业提供必要的科技与市场信息甚至提供科研资金等服务。科技中介服务机构在科技服务市场竞争过程中，开展特定行业的多功能服务及个性化服务，已经成为科技中介竞争力的重要来源。科技中介运行机制应当包括这种创新服务方式和服务个性化、多功能化的服务机制。科技中介服务机构通过整合科技创新所需要的技术、人才、设备、市场等各种相关资源，为企业的研发、生产构筑开放式和高层次的技术支撑服务体系，提供全程跟踪服务，包括培训服务、咨询服务、信息服务、技术服务、招商引资、人才和技术中介服务。另外，科技中介服务机构要根据企业具体需要来完善科技入园在征信管理、技术评级、投资银行、管理咨询、财务会计、法律顾问，以及行业自律和行业规范等方面的服务与功能。

(五) 评价机制

科技中介服务机构服务企业科技创新的有效性，其信誉度和企业的满意度，要求建立科技中介机构信誉评价体系，完善科技服务评价机制。科技中介服务机构需要通过自身坚实的专业知识与技能，以及高质量的服务和诚信经营，才能为企业科技创新活动提供重要、有价值的支撑性服务。要达到这样的要求，需要在政府的支持和引导下，对科技服务行业行为进行规范的信誉评价，建立有效的科技中介机构的信誉评价体系。信誉评价要以科技服务中介机构为对象，以服务质量为重点，以用户为中心，采用科学规范、实用可行的方法和程序。政府还需要相应地建立起科技成果的评估和仲裁实时反馈机制，实现对科技入园的阶段性、系统性成果的有效监控，及时反馈，以不断完善科技入园效果的评价机制。

(六) 监督机制

制约我国包括生产力促进中心在内的各类科技中介机构快速有效发展的一

个重要原因，是科技服务市场的诚信监督机制还没有完全建立健全起来，科技服务机构也还没有树立良好的市场信誉和社会形象。建立完善监督科技服务机制，能为企业和社会各类科技开发机构之间构筑诚信的桥梁，树立企业及整个社会对科技服务机构和政府的市场信誉和社会形象，有利于保障各种服务和政策的落实。因此，需完善科技评估和公众监督机制，建立科研立项、经费分配和创新绩效公示制度；提高科技项目管理过程的透明度；健全科技入园相关法律监督机制，包括风险资本形成机制、风险资本运作机制、风险投资与风险企业的结合机制及风险资本退出机制等；加强制定与科技服务有关的配套法规，如《科技投入法》《风险投资法》《政府采购法》《产业振兴法》《技术转让法》等，提振投资者信心，提高风险资本的运作效率。

三、科技服务运行体系的形成

科技服务运行机制应当根据科技入园的模式因地制宜地进行对应组合和有机整合，通过各种机制的相互牵引力和作用力从而形成一套行之有效的科技服务运行体系。

（一）大力整合现有科技创新服务资源，强化协同机制

为促进区域创新，政府要倡导加强官产学研之间的合作。加强与高等院校及科研院所的合作，加大新产品开发力度，加强制造业信息化推广应用，走创新驱动发展之路；加强科技资源信息的共享，制定和完善企业科技创新和科技服务体系的相关政策法规。以生产力促进中心为基点，整合省内重点实验室、工程技术研究中心、科技企业孵化器、大型科研仪器等资源，面向中小企业提供技术咨询、技术诊断、成果转化等相关技术服务。科技服务要背靠政府，面向市场，依托高等院校和科研院所，通过构建一个政府、企业、科研机构多方位的协同共生机制，开展服务，有效地发挥科技支撑的合力作用。引进先进科技创新资源和管理制度，增加科技服务的功能和种类，完善科技服务体系的功能建设。应积极提倡提高科技服务的发展水平，提高科技服务的技术层次，打造信息化的科技创新服务网络。科技服务的发展模式要多样化、多元化、多角化，要在市场化服务中以提供专业化的特殊服务功能来打造自身的核心竞争力，在市场分工中正确定位，求同存异，打造科技服务能力和竞争力。

(二) 积极建设大型数据库，构建共享平台和网络科技环境平台

在科技入园工程实施过程中，要充分发挥生产力促进中心的网络化优势和各种科技中介机构的职能作用，对各级入园科技机构统筹管理，协同配合。充分利用国家大力发展高新技术以及信息化网络建设的趋势，建立科技信息数据库，健全科技服务体系，以提高地方工业园科技创新的积极性。政府要在坚持引导、扶持、发展的原则下，以高新技术产业为重点，以体制和机制创新为切入点，建立完善科技信息服务体系。在"一网两库三台账"的服务模式基础上，按照"整合、共享、完善、提高"的原则，构建省域科技入园的科技和企业信息资源共享服务平台，改变当前各中心各自建网、建库，重复建设的格局，加强各级生产力促进中心的相互交流与合作。

(三) 构建多位一体的运行机制和适应市场经济的科技管理体制

科技入园模式的有效运行需要建立"项目带动、效益挂钩、分工负责"为核心的灵活、高效的多位一体运行机制。世界科技中介发展模式有两种：营利性和非营利性，并有逐渐向营利性转变的趋势。运行的机制有市场化运作和行政化运作两种，发达国家普遍属于市场化运作，而发展中国家缺乏市场化综合运作与创新能力，以行政化运作为主。以生产力促进中心为代表的科技服务中介组织属于事业性质的政府机构，科技服务人员的引用制度是政府化管理的弊端之一，许多科技服务机构因报酬低，高素质技术人员纷纷跳槽，而事业编制的用人制度又使得机构难以对外自主招聘。在管理体制上应当进行些许变革，引用企业法人制公司的管理制度。以政府为依托的科技服务机构注重政策的实施，收入来源也主要依靠政府，因此对于市场的发展方向和高风险投资并不敏感，不利于我国科技创新的国际化。事业性质的科技服务机构愈加凸显弊端，我国学者对有关倡导科技服务业市场化运作的呼声也越来越高，科技服务机构市场化的运作模式将是未来主要的发展方向。政府适当放权，有利于专业化的人才队伍建设，可鼓励成立科技服务的行业协会，推动科技服务业的整体文化建设。要在充分引导和鼓励的基础上 政府管理需要适当放权，促进科技服务机构运作模式向市场化转变，以赢利作为推动力，以更好地调动各地和种类服务机构科技服务的积极性，加快科技服务业的发展。

(四) 全方位给予园区企业所需的帮助

有必要建立以政府为主导、园区为主体的科技支撑机制。目的在于建立包

括建设和资金投入、项目引进、人才培养、政策引导和咨询、各种针对科技引进和科技成果转化等在内的一系列服务科技入园的支持机制。大力促使各种创新要素向工业园区集中，向科技型企业集中，提升园区创新能力；为企业提供资本支持和拓宽融资渠道、强化人员培训和知识服务；创新服务模式和服务方式，不断扩大服务内容和服务领域，包括服务体系、管理制度，形成一套具有江西省地方特色的科技入园模式和规范；要在入园内容、工作举措、运作模式上积极探索，树立科技服务品牌意识，开拓创新，变"等企业上门"为"送科技上门"；变"单一服务"为"全方位服务"，使服务在数量上、功能上都能满足科技入园的需要。通过统筹建设科技创新服务体系，借助园区服务网络，迅速打开工作局面，共同为企业提供服务，使创新资源向企业有效集中，实现共赢发展。

参考文献

戴中生. 2009. 科技入园工程与企业创新发展. 科技情报开发与经济，(11)：176，177

耿战修. 2010. "科技入园"是推动地方开发区发展方式转变的新举措. 科技促进发展，(5)：25～27

姜超. 2012. 基于系统动力学的江西"科技入园"运行机制研究. 南昌：南昌大学硕士学位论文：23～45

Chan K F，Lau T. 2005. Assessing technology incubator programs in the science park：the good，the bad and the ugly. Technovation，25：1215～1228

Eto H. 2005. Obstacles to emergence of high/new technology parks ventures and clusters in Japan. Technological Forecasting & Social Change，72：359～373

Hymer S H 1976. The International Operations of National Firms：A Study of Direct Foreign Investment. Cambridge：MIT Press：31～82

Lofsten H，Lindelof P. 2002. Science parks and the growth of new technology-based firms-academic-industry links，innovation and markets. Research Policy，31：859～876

完善科技入园的
对策建议

第八章

一、进一步深化科技入园的方向和思路

（一）树立市场理念实现科技服务机制创新

科技入园工程将科技服务工作者推向了为企业服务的第一线，盘活了原有的科技服务资源，促使原有的资源得到了有效的利用，从总体来说效果良好。未来应进一步深化理念转变，进行机制创新，形成科技入园长期、稳定、有效运行的局面。

首先是政府主管部门的理念转变。从总体来看，科技入园工程是在政府主导和推动下的一种新的科技创新服务工作模式。在这种模式下，各生产力促进中心的建立及业务的开展多与行政人员（事业单位编制人员）的业绩考核挂钩，从而表现出较强的行政命令的色彩。这种模式在较短的时间内在江西省范围内建立起较为完整的科技服务体系和框架，这是这种模式的主要优势。但现阶段，政府应着力思考以下问题：如何进一步激活现有科技服务机构和科技服务工作者的工作积极性和效率；如何吸引系统外资源和社会资本进入科技服务系统；如何引导高校和科研院所科技工作人员参与到科技服务工作来。这些都要求政府改变观念，进行机制创新。

政府观念转变的一个方向是树立科技服务的市场化观念。科技服务工作要有效开展，不能仅靠行政命令，不能完全靠科技服务工作者自觉奉献。科技服务工作是市场经济活动的重要组成部分，要靠市场价格规律和盈亏引导资源配置和组织的经营活动。现有生产力促进中心大多为事业单位，而且定位为非营利机构，我们既要充分发挥这一机构的重要作用，也要注意到其角色定位有可能会束缚科技服务经营的灵活性和积极性。政府可以考虑利用事业单位改革的契机，理顺这些生产力促进中心的性质。政府观念转变的另一个方向是向服务型政府转变。各级政府主管部门应改变传统的行政命令的工作方式，减少对科技服务机构工作的直接干预。而是通过政策的顶层设计，强化政策保障体系、完善市场环境来引导科技资源的投入方向，调动广大科技服务工作者的积极性和创造性。

理念创新也包括各级各类科技服务机构和科技服务工作者转变经营理念和服务理念。首先，要树立起市场观念，要把自己转化为真正市场经营的主体。在市场中，只有为客户提供了服务和创造了价值，才能得到回报。这就要求各服务机构和个人把以往的应对式服务改变为主动式服务。同时，市场主体是相互竞争的，这就客观上要求各服务机构和个人必须讲究效率，通过不断提升服务能力和业务水平来增强竞争力。

（二）优化科技服务体系实现系统协同

科技入园是一项系统工程。科技入园工作的有效开展，必须要求系统内各组成部分保持良好的结构和协同关系。

系统协同首先表现为科技服务系统与经济系统运行的协调。科技服务工作主要服务于地方企业技术进步和经济发展，这就要求科技服务体系和能力建设要适应地方经济、产业发展和技术进步的需求。由于科技服务工作专业性较强，科技服务人员专业技能的形成需要较长的时间并且具有较强的稳定性。科技服务机构，包括生产力促进中心、各类工程技术中心、创新服务平台一般都针对具体的行业。因此，在地方科技服务资源有限的现实背景下，科技服务队伍和结构的建设尤其要注重效率，注意与地方产业相匹配。具体可以考虑建立起省、市、县（区）多层次的科技服务体系结构。统筹规划科技平台建设，实现各类科技创新平台的有效衔接与合作；各县（区）根据本地区产业特点，成立一到两个专业特色的生产力促进中心或应用性共性技术服务平台，主要服务于本地区的特色产业集群，也可以直接依托企业建立科技服务平台，采取适当的激励机制，鼓励企业自建的平台积极向产业服务、向社会开放；市一级的科技服务机构则主要服务于与所在市的主导产业。省级科技服务机构和组织应在专业技能和服务能力上更具实力和优势，应关注省内主导产业、战略性新兴产业、重点企业，其服务范围应覆盖全省。

系统协同还包括科技服务系统内的纵向协作和横向协作。纵向协作的一个方面是政府部门，包括科技厅和市、县（区）各科技局要保持思想的统一、步调一致、协力推进科技入园工作。可由省科技厅首先制定全省科技入园工作规划和生产力促进中心建设规划，市、县（区）科技局按照江西省的总规划，相应制定本地区的规划。省政府出台的各类鼓励企业创新的政策措施，市、县（区）政府可以比照出台相应配套和具体执行方案。省科技厅每年组织全省各级生产力促进中心和其他各类科技创新服务机构进行业务交流会议。纵向协作的另一个方面是在建立起多层次的服务体系的同时，可以采取跨部门协同、省市共建、产学研联建等方式，推进区域创新大平台建设。系统内的横向协作要求科技服务机构和组织间加强业务合作与交流，鼓励各服务主体跨区域开展业务。通过这种各有特点、能力互补、协作互动的各类科技服务机构和组织，形成有效覆盖全省的、适应各地产业发展和创新需求的多层次、网络化的科技服务体系。

系统协同还包括科技服务机构内部业务和能力完善与协调。由于中小企业创新能力一般较弱，它们对科技服务的需求往往是多方面的，包括信息咨询、人才培训与中介、创新投入资金的获取、相关科技项目申报等。虽然江西省现在已有各类生产力促进中心120多家，基本上覆盖到全省所有县（区）。但由于成立时间还不长，一些中心的科技服务能力还比较弱，业务还比较单一。县（区）一级中心表现更为明显，它们的业务往往集中在科技信息咨询方面。未来各类中心要不断增强实力、开拓新业务。在继续发挥优势业务的同时，不断补齐短板，以满足企业多方面的需求。

科技服务系统各构成要素围绕提高企业创新能力和科技成果有效转化的目标，加强分工合作，优势互补，从而实现系统协同效应。在这样的条件下，科技服务资源及其他各类科技资源实现科技创新主体之间的有效共享，这对于提高区域创新能力显然具有重要意义。

（三）加强流程创新提高科技服务的系统效率

流程创新是指对技术活动或生产活动中的操作程序、方式方法和规则体系的创新，流程创新是管理创新的重要内容之一。由于内部资源、外部环境在不断发生变化，企业要适时地对业务流程进行改造创新。其目的在于通过改造现有组织的基本流程，使工作效率和经济效益得到大幅提高，更有效地为顾客提供价值的同时，实现企业自身发展目标。

科技服务工作是科技服务体系为企业尤其是中小企业创新服务、创造价值的过程。其现有服务流程的一般模式是企业有现实需求后向有关科技服务机构提出咨询，科技服务机构根据企业的需求开展相关服务，如进行搜寻信息、联系专家或相关部门、申报项目、协同企业解决问题等。但这种流程往往不能很好地保证服务的质量和效率，难以有效满足企业的需要，特别是不能有效发现和开发潜在的科技服务需求。现有流程可能在以下几个环节出现问题，从而使得业务不能有效开展。一是宣传力度不够，现有科技服务机构品牌知名度不高，这就导致企业有了科技创新方面的服务需求，但是不知道谁能提供此类服务。

二是等企业上门表达了自己的需求后，再去搜寻相关信息和资源，缺乏信息的提前储备，可能会导致服务的滞后甚至不能提供给企业有效的服务，难以使客户满意。三是现有体制不能形成对科技服务机构和个人的有效激励，可能导致直接与客户接触的科技服务者在提供服务过程中缺乏热情，敷衍了事。

科技服务工作的流程创新，就是要改造已有工作流程中不利于效率提高的各个环节。要缩短服务流程，实现服务主体多元化，构建网络化服务体系；针对机构入园、政策入园、项目入园、服务入园、人才入园等多种服务供求关系，可以实现一站式服务，服务主体多元化和服务内容及对象专门化有机结合；科技服务机构通过加强客户关系管理，有点、有面地对服务对象进行长期跟踪服务，实现由外到内的转化，通过缩短服务距离提高服务效率。具体来看，首先，科技服务流程创新要对科技服务机构本身进行改造，理清利益关系，形成有效激励。其次，通过加强品牌建设提升服务品质，让潜在或可能的顾客认识科技服务体系和科技服务工作。再次，要利用现代信息技术和各种人脉资源，进行大量的科技资源储备以保证服务的及时性和效率性。最后，改应对式服务为主动式服务，经常性地进入企业，发现企业需求和激发企业需求。

（四）加强基层科技工作创新实现科技入园纵深化发展

国家各级领导对科技入园表示充分肯定，刘延东同志指出："江西'科技入园'的经验很好。在今后评估省级高新区升级工作中，可加大科技成果在开发区落地情况的权重，从政策上引导、推进科技成果转化。"万钢同志批示："'科技入园'是提高科技成果转化率的创新手段，要加强政策引导、推进中介组织、加快成果转化。"李学勇同志批示："江西'科技入园'的经验值得总结借鉴。要进一步发挥好生产力促进中心、科技企业孵化器等在促进成果转化、高新区建设和区域经济发展中的作用。"因此，科技入园必须纵深化发展。纵深化的一个重要方向应该是推动基层科技工作的创新。万钢同志在 2011 年全国基层科技工作会议上做了《做好基层科技工作，扎实推进创新型国家建设》的重要讲话。他强调党中央、国务院明确提出，提高自主创新能力、建设创新型国家是我国发展战略的核心、提高综合国力的关键，基层市、县（区）人口占全国人口70%、GDP 总额占 54%，处于统筹城乡发展的特殊地位，是科技工作的主战场。会议的精神为科技入园与基层科技工作创新研究提供了思路和理论基础。科技入园的纵深化可以把科技入园的理念、思路、方式进一步深化到基层科技工作中，拓宽基层科技工作的思路、工作模式、工作机制、工作流程等，从而推进基层科技工作理念创新、工作模式创新、工作机制创新、工作流程创新。

二、进一步深化科技入园的主要措施

(一) 体系完善

1. 推进多层次的科技服务主体建设

各类生产力促进中心是当前推进科技入园实现科技服务工作的主要机构。但是科技服务机构的形式可以是多样化的，未来江西省应进一步推进多层次的科技服务主体建设，主要处理好以下几方面的问题。

一是进一步推进江西省生产力促进中心多元化发展。多元化发展可以有以下思路：①所有制形式的多样化，除了现有的由信息情报中心转制形成的公有制中心外，还要鼓励民间资本进入生产力促进中心，甚至通过吸引外资的形式，吸引国外科技中介领域的龙头企业进入本省科技创新服务行业。②服务重点的多样化和差异化，各地级市、县（区）可以根据自身区域经济特色、产业集群发展状况，建立服务于区域特色产业的专业化中心。③继续发展依托园区、高新区的生产力促进中心。江西省现有大小工业园区 94 个，现基本上都有与对接的生产力促进中心，下一步加强这些中心与其他类型科技服务机构的合作，提升服务能力，拓展业务范围。

二是大力发展其他类型的科技创新服务机构。创新服务业涵盖创新的全过程，创新服务业包括科技中介机构，但比科技中介机构更宽泛。后者仅位于创新链的中段，主要是科技成果转化、转移等服务；而前者则涵盖整个创新链，既包括中段，也包括前端的设计、研发服务与后端的基础技术服务与技术改造服务（徐冠华等，2011）。科技创新服务机构在形式上除了生产力促进中心外，还包括各种类型的孵化器、创业服务中心、工程技术研究中心、科技评估中心、科技招投标机构、情报信息中心、知识产权事务中心、技术市场、人才中介市场、科技条件市场、技术产权交易机构等。这些机构和组织同样是区域创新系统的重要组成部分，在推进科技入园工作中发挥重要的作用。这类机构虽然在业务上与生产力促进中心有重叠，但其各自在科技咨询、创业孵化和科技成果转化领域有着业务专长，因此应积极推动科技创新服务经营主体的多元化和多样化。在加大政府对创新基础设施投入的同时，鼓励社会资本进入科技创新服务领域，开展相关业务，完善区域创新服务体系。

2. 集聚要素资源，形成服务联盟体系

经过近几年的快速发展，目前，江西省各类生产力促进中心达到 120 家，从业人员达到 1600 余人，总资产超过 5 亿元。从总量上来看，规模已经较大。但由于分散在全省范围内，平均下来每家的规模和实力明显不足。这就要求各生产力促进中心加强交流合作，实现资源的整合共享。从现有情况来看，全省生产力促进中心已经开展了一些交流合作活动，但效果有待进一步提升。一是纵向联系较多，横向联系较少，即主要体现在各级政府科技专管部门对生产力促进中心的领导与指导，而各生产力促进中心之间的横向交流合作较少。二是经验交流多，业务交流与资源共享较少，例如，在江西省科技厅的召集下，每年 4 月份举办一次全省生产力促进中心交流大会，但会议内容主要以经验交流为主，业务合作相关内容则较少。

因此，实现各生产力促进中心内部资源整合与协作是当前提升服务效率的一个重要途径，应做到以下几点。一是继续开展经验交流活动。江西省生产力促进中心事业发展不过十几年的时间，许多中心都是在最近几年内成立的，对于这些新成立的中心，其科技服务经验往往比较欠缺，因此通过开展经验交流活动，有利于尽快了解掌握科技服务工作规律，提高服务效率。这种经验交流除了在江西省内展开，还应该拓展到全国范围。例如，通过派员参加每年由生产力促进中心协会主办的寰宇生产力促进中心论坛，参加科技部举办各类培训活动，以及加强与其他省份交流等多种形式。二是加强信息的共享。为企业科技创新提供信息服务是科技中介的主要业务之一，掌握足量的信息也是生产力促进中心开展业务的前提。生产力促进中心首先必须要知道企业有哪些需求的相关信息，同时还必须知道哪位专家、哪个机构有能力、有意愿为企业解决相关问题。单个中心资源和能力是有限的，其收集和掌握的信息也是有限的。但全省生产力促进中心作为一个体系，如果将每个中心信息整合，将极大地提高信息量。因此，可以依靠生产力促进中心协会，建立信息共享平台实现信息资源的整合共享。信息共享平台具体应该包括项目信息、专家信息、企业需求信息等。三是推进各类生产力促进中心在业务上的纵向、横向合作。从纵向层面来说，继续加强协会、政府主管部门对各中心业务活动的指导和规范，鼓励上级中心对下级中心的能力支援等。从横向层面来说，鼓励各中心根据自身业务、能力等特点，建立合作关系，共同开展业务，形成战略伙伴或联盟关系。

在对生产力促进中心内部资源整合的同时，要注意保持体系的开放性。一是要建立起中心与各大科研院所的联系。江西省不少行业、产业生产力促进中心主要服务与本地区的特色产业或产业集群，其技术专业性较强。因此，这类中心应积极谋求与国内外在本专业领域实力较强的科研院所建立起多形式的合

作关系，可以邀请相关专家来本地区为企业提供技术指导，也可以展开产学研合作开发企业需要的新技术。二是要适应江西省新型战略产业发展的需要，积极跟踪产业前沿技术发展动向，联系本领域最具影响力的专家如两院院士等，通过引进高层智力服务本地新兴产业的发展。三是要开展与省外生产力促进中心的联系与合作。首先应加强与长三角、珠三角的联系合作，进行经验交流，实现合作、创新发展，促进区域交流与合作。

（二）能力提升

1. 加强科技服务人才队伍建设、提高从业人员业务能力

科技创新服务是一项综合性非常强的工作。要求服务机构和服务人员具备较高的专业技术知识，对相关法律法规、政策措施有较好的掌握，同时要求相关人员具备良好的服务意识和积极的工作态度。江西省在推进科技入园工作面临的一个重要制约因素就是科技服务人员整体素质不高，科技服务机构综合服务能力不强。就各类型的生产力促进中心而言，部分依托原科研机构建立的生产力促进中心人员科技素养普遍较高，对专业领域的科技信息也有较好的追踪。但这类中心主要以工程科技人员为主，相对缺乏服务意识。而依托科技信息情报机构建立起来的生产力促进中心，则对专业领域的相关科技信息缺乏足够深入的了解；并且这类机构普遍存在规模较小，一般只有十几位甚至几位工作人员，专业技术能力较为欠缺。加强科技服务人才队伍建设、提高从业人员业务能力是进一步深入推进科技入园工作的关键。

科技服务人才队伍建设，需要从存量和增量上着手。现有科技服务人员的稳定与能力提升是科技入园工作的基础。因此，应通过合适的激励机制，调动从业人员的工作积极性。同时，通过各种形式在职培训和人员交流活动，提升其业务能力和服务技能。在稳定和激活现有存量的同时，为适应科技服务业发展的需要，应积极吸引优秀的人才进入科技服务业队伍。充分挖掘和利用高等院校、科研院所、情报机构及留学归国等人才群体的资源吸引优秀的专业人才进入各类科技中介机构。同时，通过引进外资的形式，吸引国内外知名的科技服务机构进入本地。外资机构进驻的同时，必然会带来其优秀的人才和先进的工作理念。

2. 加快硬件设施建设，完善科技服务条件

科研服务设施设备不全是制约生产力促进中心服务能力的重要因素，江西省各生产力促进中心应加快硬件设施建设工作。一是要加紧建设地方共性技术服务平台。江西省有不少生产力促进中心的服务对象是地方特色产业，为特色

产业发展提供共性技术必然成为其首要任务。因此，在设备采购及服务方向上必须以此为主线，最大限度地发挥有限资源的效率。在能力建设上要注意区别关键共性技术与基础共性技术的时序关系。当前着力于关键共性技术能力的建设，以解决企业生产面临的现实技术问题。而长远来看，应持续加强基础共性技术能力建设，以提升区域特色产业的竞争优势。二是要积极争取上级部门的支持。以地方有一定影响力的产业和资源优势为支撑，结合国家科技发展计划，积极申报国家工程技术研究中心建设项目。江西省已有国家工程技术研究中心四家，未来还可以依托地方特色产业进行申报。在国家工程技术研究中心建设过程中，要注意与生产力促进中心的资源整合，可以直接在国家工程技术研究中心下设生产力促进中心，其服务范围可以面向全国。

3. 拓展科技服务内容、创新科技入园模式

面对日益多元化、系统化、高层次化的科技服务需求，江西省科技创新服务相关主体，包括各级政府科技创新服务职能部门、各类科技创新服务机构等，应密切与企业的联系、发现企业的需求、拓展科技创新服务内容、创新科技入园服务模式。科技入园工程本身就是江西省在探索推进科技服务园区，科技服务企业工作过程中进行的大胆创新。随着这项工作的全面的开展，各地科技服务工作者摸索出了包括科技机构入园、科技政策入园、科技人才入园、科技项目入园、科技服务入园等具体工作模式。这些工作模式是适应适应经济环境变化、适应区域经济发展阶段与特征、适应园区企业需求等具体情境的工作经验积累。随着经济环境的变化、区域经济不断地发展、企业对创新服务的需求也会不断的发生变化，科技入园服务的主要工作模式必然需要不断完善创新。譬如，在当前宏观经济政策背景下，中小企业融资尤其困难，资金短缺成为阻碍中小企业创新的重要因素。江西省科技创新服务工作者应适应新形势的要求，积极探索和不断完善科技金融入园的新模式。

（三）科学管理

1. 加强内部管理、提高服务效率

科技服务机构必须按照市场经济的规律办事，坚持服务第一、有偿服务的原则，建立与市场经济相适应的运行机制（张涛，2000）。科技创新服务机构的服务能力，固然与其基础设施、硬件条件有着直接的关系。但机构的组织管理方式、运行机制同样直接决定着其服务能力和效率。江西省在完善科技入园服务主体体系建设的同时，应以体制机制创新为突破口，加快推进科技服务机构向"运行机制市场化，管理模式企业化"的目标转变。

当前，主要工作是处理好生产力促进中心的"准事业单位"性质与企业化市场运作之间的关系。当前较大部分的生产力促进中心是由原科技情报研究所转换过来的，其从业人员依然是事业编制，存在着明显激励不足的问题。因此，要通过内部体质创新，解决激励不足问题。例如，员工薪酬和职位任免，不能套用政府行政级别；管理者和员工的收益应该根据其对企业所提供的服务质量和产生的效益来确定，而不是像非市场经济下的"大锅饭"体制。改革的思路有以下几个方面：一是通过实行股份制，提高管理层的积极性；二是通过实施岗位工资和绩效工资，激发科技服务人员的工作积极性；三是构建各类科技服务机构评价体系，引导其开展并通过国家质量管理体系认证，规范其业务活动。

2. 加强行业组织建设，促进行业自律

江西省在推进科技入园工作的过程中，科技中介组织尤其是生产力促进中心在数量上有了较大的发展。但在业务开展、服务规范、竞争合作方式、信誉评价、行业自律等方面还存在着较大的不足。科技部在《关于大力发展科技中介机构的意见》（国科发政字〔2002〕488号）中指出，行业协会是加强政府指导、完善科技中介管理体制的重要环节。从发达国家的经验来看，行业协会在规范科技中介服务体系中往往具有不可替代的独特作用。

江西省应尽快建立健全科技中介行业协会，并真正赋予其进行行业自律的权利，真正实现行业自我服务、自我协调、自我监督、自我保护。一是通过行业协会来加强机构之间、行业协会之间的联系。各行业协会应通过创办刊物，开展咨询服务，定期座谈交流等多种形式，加强成员间的沟通往来，互相学习，总结经验教训，实现互通有无，共同发展。二是通过行业协会制定行业发展规划，完善强化自律发展机制，加强系统内管理和服务功能，维护同行业合法权益，协助制定收费标准，维护行业公平竞争协助有关部门进行资格认证制定行业规范，明确操作程序等。三是建立科技中介的信誉评价体系。信誉评价要以科技中介机构为对象，以用户为中心，以服务质量为重点，采用科学、实用的方法和程序，对科技中介机构的服务能力、服务业绩和社会知名度、内部管理水平、遵纪守法情况、用户满意程度等进行客观、公正的评价，评价结果向社会公布。信誉评价工作要以维护科技中介行业信誉、提高专业化服务水平、促进科技中介机构发展为宗旨，以公平、公开、公正和自愿参加为原则，不得以赢利为目的；要建立信誉评价信息发布和查询制度，推动信誉监督管理社会化；要与科技中介机构从业人员培训计划的实施相结合，促进人员素质的全面提高。对取得较高信誉等级的科技中介机构，科技管理部门在重大科技决策、科技计划实施、科技成果转化等工作中要充分发挥它们的作用。

3. 加强品牌建设，提高服务质量

虽然已经做了大量的工作，但江西省生产力促进中心作为专业的科技服务机构在企业的认识度并不高。一是由于企业对科技中介缺乏正确的认识；二是由于生产力促进中心自身宣传力度不够。因此，造成了生产力促进中心与企业科技服务需求不能很好对接。未来应加强生产力促进中心的品牌建设管理工作，努力做到以下几点。①在全省范围内，通过优质服务和业绩形成生产力促进中心大品牌；以科技入园和"六个一工程"为契机，大力践行和宣传生产力促进中心的功能作用，提升企业对科技服务的价值及生产力促进中心的作用的认识。②各类行业生产力促进中心要积极加强与企业以及行业协会的联系，积极参加各种行业活动，增加中心的社会知名度；一些专业特色较强的生产力促进中心应该积极走出去，在全国范围内开展业务并形成自己的品牌。③积极推进质量认证工作。在品牌建设过程中，生产力促进中心尤其要做好自身能力建设、服务规范和服务质量，使其服务真正得到企业的认可，同时应该积极推进质量管理体系的外部认证工作。

参考文献

徐冠华，郭铁成，刘琦岩，等 . 2011. 关于促进我国创新服务业发展的几个问题 . 中国科技投资，（10）：24～26

张涛 . 2000. 以生产力中心为主干构建社会化技术创新服务体系 . 科技进步与对策，17（3）：11，12